年収基準

アフターコロナの年収基準

人事の超プロが本音で明かす

西尾 太
Futoshi Nishio
フォー・ノーツ株式会社
代表取締役社長
「人事の学校」主宰

はじめに

「頑張っている」はもはや無意味。「成果」こそが、揺るぎない価値になる‼

あなたは、自分のお給料がどのように決まっているのか知っていますか？

どうしたら年収が上がるのか、その方法を知っていますか？

「頑張っているのに、会社や上司は評価してくれない」

「もっと年収を上げたい」

「年収1000万以上を目指したい」


会社や仕事に、そんな不満を持っている人は多いでしょう。

日本では、ほとんどの企業が給与の仕組みを公開していません。年収を上げたくても、何をどうすればいいのかわからない。とにかく会社に長く勤め続けるか、お給料の高い会社に転職するしかない。そう考えている人が大半なのではないでしょうか。

本書では、この年収の仕組みを公開します。

給与を上げる方法も、年収を1000万以上にする方法も具体的にお伝えします。

会社には、給与制度というものがあり、新人、メンバー、チーフ、課長など、ポジションごとに会社が求めているものがあります。

会社が求めているもの＝「年収基準」は、社員2000名以上の上場企業であっても、社員3名のベンチャー企業であっても、ほとんど変わりません。これらの普遍的なスキルや行動を身につけることが、年収を上げる最も確実な方法です。

給与が上がれば、誰もがモチベーションが上がります。年収を上げる方法がわかれば、もっと頑張ろうと思います。

だったら、その仕組みを非公開にする理由はないはずです。

給料ダウンが当たり前の時代が始まった

私がなぜこのタイミングで「年収基準」を公開しようと思ったか――それには大きな理由があります。すなわち、社会が激変し、給与ダウンが当たり前の時代が始まったからです。

2020年に新型コロナウイルスの猛威が、日本のみならず、世界中を席巻しました。これによって経済が悪化し、社会の仕組みが大きく変わろうとしています。今までは会社に長く勤めていれば、お給料が上がったかもしれません。でもこれからは、それだけでは、給与は上がらなくなります。

日本は経済の悪化だけでなく、少子高齢化が極めて深刻な問題になっており、多くの企業が長く続いてきた年功序列制度を廃止しようとしています。

また、新型コロナウイルス感染症対策として、リモートワークが広く普及しました。これによって社員の働く姿が直接見えなくなりました。

そのため「この会社に長く勤めてきました」とか「頑張りました」では給与が上がらなくなり、これまで以上に「成果」が徹底的に重視されるようになります。

私は人事のプロとして、20年以上、400社以上の給与制度や評価制度の仕組みづくりをしてきました。給与の仕組みも、年収を上げる方法も知っています。

それをお伝えして、一生懸命に頑張っている多くの人たちに役立てて欲しいのです。

あなたの市場価値はいくらなのか？

本書には、一般的な「年収基準」だけでなく、あなたの現在の実力に見合った適正な年収を導き出す「ジョブサイズ28の指標」も用意しました。

この指標をセルフチェックしていただければ、あなたの「市場価値」もわかります。


自分は、世の中でどれくらいの価値があるのか？

いくらくらいの年収が適切なのか？

それがわかれば、今の会社で働き続けるべきか、転職や起業・独立をすべきか、今後のキャリアビジョン・キャリアプランを考える目安になります。

これからの時代は、会社や世の中に「安定」を求めることはできません。

ビジネスパーソンとしての「安定」は、自分自身に求めるしかないのです。

成果が重視される世の中になるということは、実力が正当に評価されるということでもあります。

理不尽な仕組みなどで損をしていた人は、むしろチャンスなのです。

あなたの価値を高めれば、年収は必ず上がります。

新人から経営者まで、非正規雇用やフリーランスの方にとっても年収アップに必要なスキルや行動、マインドセットを徹底的に詳しく、わかりやすく、お伝えします。

未曾有の苦境のなかで懸命に働くビジネスパーソンのみなさんに、楽しく仕事をして、豊かな人生を歩んで欲しい。それが私の願いです。

ひいては、この日本をさらに元気にしていけたら、こんなに嬉しいことはありません。

西尾 太

CONTENTS

CONTENTS

第6章

第1章

まずは自分の「市場価値」を客観的に見極めよう!!

激変した現代における日本の労働環境を正しく知ろう

サラリーマンの年収が減っている

コロナ禍の影響、リモートワークの導入などによって日本の労働環境は激変しています。それはあなたも肌で感じていることでしょう。

でも実は、コロナ以前から社会の変化は起こっていました。なぜ「年収基準」を知り、自分の「市場価値」を確かめる必要があるのか。それを理解するためにも、まずは私たちビジネスパーソンが立っている「現在位置」を確認しておきましょう。

変化のひとつは、日本企業のサラリーマンの年収水準が落ちていることです。

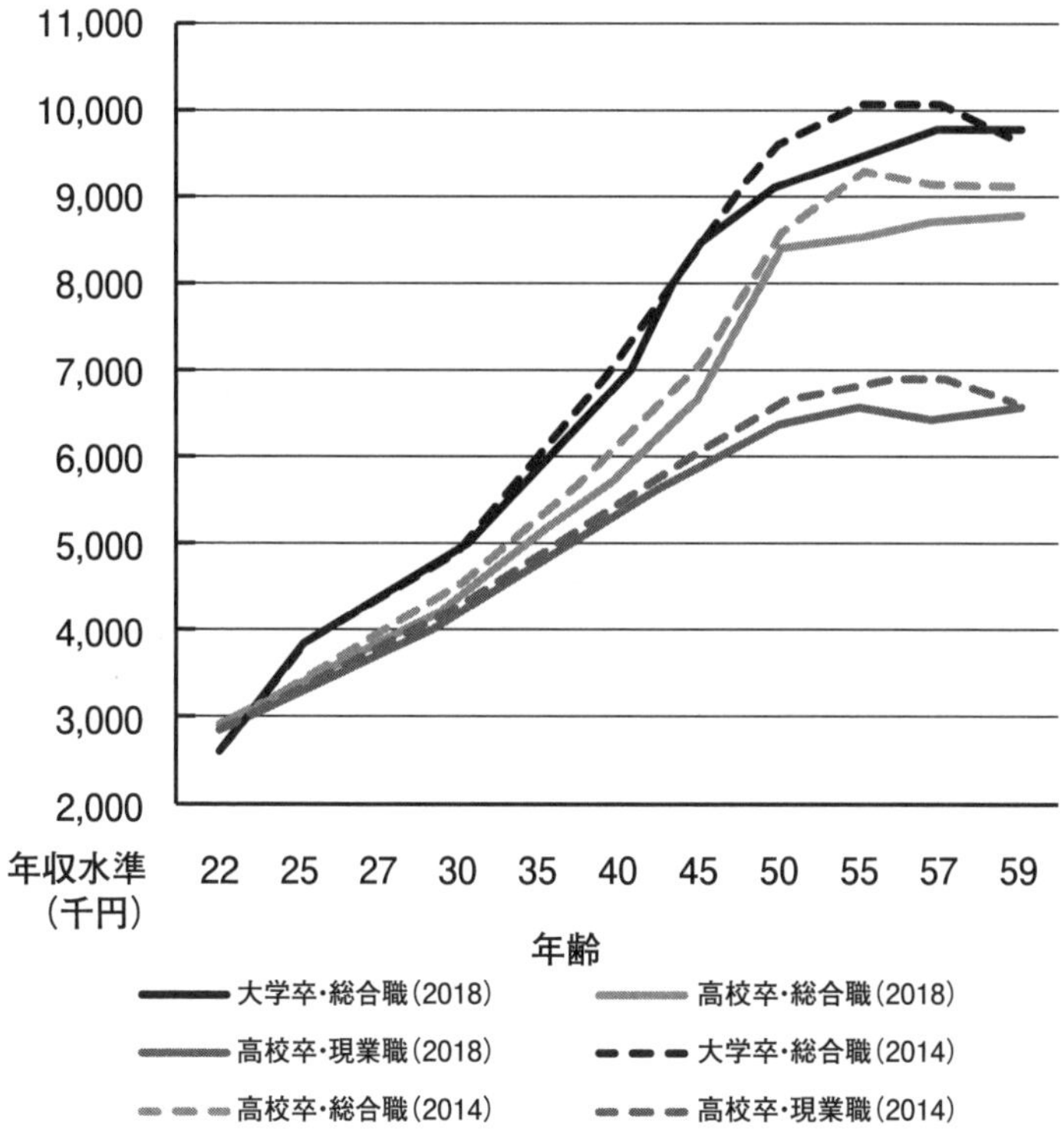
11,000
10,000
9,000
8,000
7,000
6,000
5,000
4,000
3,000
2,000
年収水準（千円）
22
25
27
30
35
40
45
50
55
57
59
年齢
大学卒・総合職(2018)
高校卒・総合職(2018)
高校卒・現業職(2018)
大学卒・総合職(2014)
高校卒・総合職(2014)
高校卒・現業職(2014)

２０１４年から２０１８年の４年間の統計を見ると、大学卒総合職40歳の年収は７１１万円から６８５万円に、45歳の年収は８４８万円から８４１万円に、50歳は９６３万円から９１４万円に、55歳になると１０１１万円から９４８万円に下がっています。60万円以上の差ですから、かなりの落差です。

《労務行政研究所編「モデル賃金・年収と昇給・賞与」（全産業規模計）２０１５年版及び２０１９年版　前ページのグラフは筆者作成》

20代、30代はそれほど変わりませんが、40代を超えると下がり、50代になると大幅に下がっています。中高年になればなるほど年収が落ちているのです。

この４年間は景気が悪かったわけではありません。どの業界でも慢性的な人手不足が叫ばれているのに、なぜ年収水準が下がっているのでしょうか？

黒字リストラが増えている

一方では、黒字リストラが増えています。これもコロナ禍以前から、業績がよくても人員削減を打ち出す企業が急増しているからです。

日本経済新聞2020年1月13日の記事によると、2019年に早期・希望退職者の募集を実施した上場企業35社のうち、最終損益が黒字だった企業は約6割を占めていました。これらの企業の削減人員数は、中高年を中心に約9000人と前年の約3倍に増えています。

2020年には、新型コロナ感染拡大を背景に、早期・希望退職者の募集を実施した上場企業は上半期で41社にのぼり、2019年の1年間の35社を上回りました。

年収水準の低下、そして黒字リストラの増加は、いったい何を意味しているのでしょうか。答えは、とても単純です。

パフォーマンスに対して年収が高い社員を、企業が許容できなくなってきたのです。

日本には年功序列の企業が多く、定期的に給与が上がり、社歴や年齢を重ねるごとに年収が高くなるのが一般的です。日本はすでに超高齢化社会に突入しているため、現在は、多くの企業で高年収の中高年者が溢れている状態です。

２０１３年には法改正が施行され、「高年齢者雇用安定法」という法律ができました。希望すれば、企業は２０２５年には65歳まで雇用することが義務になったのです。さらに政府は、希望すれば70歳まで働き続けられる制度を推進しており、２０２１年４月から企業の努力義務とすることを決めました。

高齢者がいつまでも働き続けられる社会。それはそれでよい面もあると思います。年金の支給開始年齢が引き上げられ、そうでなくても年金だけで暮らしていくのが難しい老後を考えると、希望の光に感じる人も少なくないでしょう。

しかし、どんな企業も人件費には限りがあります。企業としては、高いお給料の人に65歳や70歳になってもそのまま会社にいられても困るのです。40代以降の年収が高い人にあと20年も30年もいられたら困るので、早期・希望退職者を募っているのです。

パフォーマンスの高い若手ほど会社を辞めてしまう

これは人件費に限った話ではありません。若手のモチベーションにも大きく影響します。年功序列の会社では、年齢や社歴が給与を決定する重要な要素です。若手がどんなにパフォーマンスを上げても、年収が大きく上がることはありません。

若手は頑張っても年収が低いのに、どの企業にもパフォーマンスは低いのに年収だけは高いシニア社員がたくさんいたりします。

そういう人は、若手からすれば、仕事へのやる気もなく、ただ定年を待っているだけの状態に見えます。なのに、自分の何倍もの年収をもらっているのです。

「なんであのオッサンのほうが年収高いんだよ！」

ストレスや不満がたまり、パフォーマンスが高い若手ほど会社を辞めていきます。少子化が深刻な日本では、一部の人気企業や有名企業以外は、どこも新卒の採用に苦戦しています。せっかく採用できた優秀な若手を手放すのは大きな痛手です。

（一方、そう思わず、辞めない若手も考えものかもしれません。それでイノベーションが起こせるのか、疑問です。いずれにせよ「よい状態ではない」ということです）。

こうした状態を防ぐには、若手の給料を上げ、中高年の給料を下げるしかありません。でなければ、人件費が爆発して経営破綻します。これが日本のサラリーマンの、特に中高年の年収水準が落ち、黒字リストラが急増している理由です。

ここ数年、私の会社にも「年功序列をやめたい」「給与制度を変えたい」「40代後半～50代のお給料を適正にしたい」「若手の給料を引き上げたい」というコンサルティングのご依頼が非常に増えています。

実際に下げるかどうかはともかく、現状の給与制度を変えないと会社を維持できないというのが、今、多くの企業が直面している極めて深刻な問題なのです。

自身のパフォーマンスこそが自分を守る最大の武器となる

これからの時代に想定される「6つの変化」

ここまで読んだ20代・30代の方は「なんだ、年収が下がるのは中高年のオッサンだけか」と安心しているかもしれません。

ところが、そうではないのです。年功序列の崩壊、少子高齢化の問題は以前から起こっていましたが、２０２０年の新型コロナウイルス感染症によって社会が大きく変容し、今後も次のような「６つの変化」が想定されます。

①年功（後払い）給与→時価払い給与（今のパフォーマンスが今の給与に）

②成果主義が顕著に
③ジョブ型（職務主義）の導入＝役割で給与が決まる
④給与ダウンが当たり前に
⑤能力主義はなくなる（発揮されない能力に価値はない）
⑥隙間役職（部長代理、担当部長など）がなくなる

この「６つの変化」は年齢を問わず、すべてのビジネスパーソンの年収に大きく影響してきます。それぞれ簡単に説明しましょう。

①年功（後払い）給与→時価払い給与（今のパフォーマンスが今の給与に）

年功序列とは、「若いうちは給料が少ないけど、50代ぐらいになったときにいっぱいあげますからね」という「後払い」の給与制度です。だからあまり仕事をしないシニア社員でも高い年収をもらえるわけです。

この仕組みは、昭和の高度成長期に広く普及しました。そのため今でも日本では「給与は上がっていくもの」という感覚が当たり前のように定着しています。

しかし、時代は変わりました。

年功序列は経済が右肩上がりの昭和の時代には成立していましたが、すでに平成も終わり、令和の時代です。給料が高い多くのシニア社員を持て余し、黒字リストラが急増する時代にマッチした制度とは到底いえません。

日本経済が再び右肩上がりになる日は来るのか。これも大いに疑問があります。となると、若いうちは給料を絞られ、我慢して20年、30年働いても、今のシニア社員のようにたくさんもらえることはなく、年をとっても低収入のままかもしれません。

かつての日本では地道にコツコツ頑張り続けていれば、老後に報われることが保証されていました。

しかし、今の日本ではそんな保証はどこにもありません。低賃金のまま、70歳になっても80歳になっても働き続けることになるかもしれないのです。
そのことに気づいている若い世代は、もう古い体質の会社で働こうとはしません。

企業側もこうした変化に必死に対応しようとしています。今後は定期的に給与を上げる仕組みをやめ、**今のパフォーマンスが今の給与に反映される「時価払い」の給与制度に舵《かじ》を切る企業が増えていくでしょう。**

そうなったときに何が問われるのかというと、パフォーマンスの質です。年齢を問わず「何ができるのか」「何をしたのか」が徹底的に重視されるようになります。何もしないシニア社員は当然給与が下がりますが、それは若手であっても同じです。
あなたは今、何ができるのか。それこそが年収を大きく左右する目安となります。

徹底した成果主義と「ジョブ型雇用」の時代の到来

②成果主義が顕著に

２０２０年の新型コロナウイルス感染症対策として、リモートワークを導入する企業が一気に増え、広く定着しつつあります。リモートワークとは、ＰＣやタブレット、スマホなどのＷｅｂツールを活用し、会社以外の場所で働くことです。テレワークも同じ働き方を指し、自宅で働く場合には在宅勤務とも呼ばれます。

コロナ禍以前は、リモートワークができるのはＩＴやＷｅｂ、広告・マスコミ業界など、一部の業界・職種に限られている印象がありましたが、現在では幅広い業種に普及し、対面でのリアルコミュニケーションが不可欠な飲食、医療、介護、実際にモノを取り扱う運送・建築など一部の職種以外は、リモートワークが可能という認識に変わってきています。

このリモートワークの浸透によって起きた大きな変化のひとつが、社員に対する評価の仕方です。

コロナ禍以前の社会では、ただデスクでＰＣに向かっていたり、外回りに出かけているだけでも「あいつは頑張っている」という印象を与えることができ、その印象によって社員を評価している上司も少なくありませんでした。

しかし、リモートワークでは社員の働く姿を直接見ることができません。となると、上司は「成果」で評価するしかありません。「どう働いたのか」ではなく、「何をしたのか」が最も重要な評価の指標となります。

一方、部下にとっても上司の働く姿が見えなくなります。「背中を見て育て」という育成方法は成り立たなくなり、管理職のマネジメントスキルがより厳しく問われるようになります。そして、それが「成果」として評価に直結します。
コロナ禍による経済の悪化、少子化による採用難などの社会変化によって、管理職にとって若手の育成はこれまで以上に重要なミッションとなります。

経済が右肩上がりで年功序列が成立していた時代では、部下の育成にそれほど熱心に取り組まなくても会社が回っていました。ダメなものもダメといわず、みんな仲良く、「和をもって尊しとなす」という風土でも、それなりに人が育ち、給料も上がっていきました。しかし、もはやそういう時代ではありません。

コロナ禍以降、**多くの企業が、成果をより重視して年収を決める「成果主義」に大きく舵を切ろうとしています。**
本書では、第2章・第3章で部下や上司、それぞれに必要となるスキルと行動、第4章では成果を出すための具体的な方法やマネジメントの手法をお伝えします。

③ジョブ型（職務主義）の導入＝役割で給与が決まる

コロナ禍以降、成果主義とともに脚光を浴びているのが「ジョブ型」と呼ばれる、主に外資系で浸透している雇用制度です。これは「職務主義」とも呼ばれています。

ジョブ型とは「人」ではなく「仕事」に値段をつける制度です。日本では「会社に何年勤めている○○さん」「○○ができる○○さん」と勤続年数や能力などによって給与が決まるのが一般的です。要は「人」に値段をつけているわけです。

一方、ジョブ型では「営業部長」「経理部長」といった役職や役割に値段がつきます。

ジョブ型は、富士通や日立製作所、ＫＤＤＩ、資生堂など、大手企業がすでに導入を開始しており、新たな雇用形態として注目を集めています。

この働き方で必要となるのが、「ジョブディスクリプション（job description）＝職務記述書」と呼ばれるワークシートです。

これは、業務内容、重要度、目標、責任範囲、必要なスキルなど、自身の職務内容＝ジョブについて詳しく定義し記述するものです。欧米ではこの書類によって選考や採用が行われています。

ジョブ型の導入にかかわらず、自身の「仕事」について詳しく定義することは、今後の社会において非常に重要になってきます。

リモートワークでは、上司によるマネジメントが徹底できません。そのため、今後、**多くの企業で求められるのは、セルフマネジメントができる人材です。**「私はこんな仕事をして、このような成果を出します」と、自分自身で仕事を定義し、成果を出せる人ほど、高い評価・高い年収を得るようになっていきます。

本書では、第3章でジョブ型も想定した職務を定義するために必要となる各要素、それによって想定される年収、つまりあなたの市場価値を測る「28の指標」を紹介します。

また、第4章ではセルフマネジメントの具体的な方法や大事なポイントを解説しています。ぜひ参考にしてみてください。

④給与ダウンが当たり前に

これまでの日本では、「給料は下げない」という考え方が一般的でした。成果によってボーナスに差があったり、昇給はしなくても、基本給は維持されていました。だから給料を下げない代わりに、早期・希望退職者を募って中高年をリストラしていたのですが、それだけでは企業が持たない時期が来てしまっています。

なぜなら中高年にしてみれば、早期退職しても再就職できる保証はありません。給与が多少下がっても会社にしがみつきたい思いがあります。そのため早期・希望退職者を募っても応募する人が少なく、困っている企業がたくさんあります。

でも成果主義やジョブ型を導入すれば、給与が下がる人は確実に増えます。言い方は悪いですが、実際には社員の給与を下げるための方便という側面があるのです。

2020年4月1日からは、「同一労働同一賃金」が全国の大企業でスタートしました。中小企業に対しても、２０２１年4月から適用されます。

同一労働同一賃金の目的は「正規雇用労働者と非正規雇用労働者の不合理な待遇差を解消すること」といわれています。

この触れ込みのとおり、非正規雇用の人たちの待遇が改善されればよいのですが、私はそうはならない可能性が高いと考えています。

非正規雇用の人たちの給与を上げるのでなく、年収に見合った仕事をしない正社員の給与を下げることで待遇差を改善することになるのではないでしょうか。

上げるべき人の給与を上げ、下げるべき人の給与を下げたい。これが企業の本音です。コロナ禍を機に、その本音が顕在化してきたのです。

給与ダウンは当たり前。そんな時代がすぐそこまで来ています。

では、正規・非正規と雇用形態を問わず、どうしたら給与を下げられず、年収を上げることができるのか。

本書では、第5章でその具体的な方法について解説します。

実は独立や転職がしやすい時代でもある

⑤能力主義はなくなる（発揮されない能力に価値はない）

近年のもうひとつの大きな変化は、企業が「何」を大事にして人を評価するのか、給与を払うのか、という根本的な考え方です。

これまでの日本では「能力」に対して給与が支払われていました。

これは能力主義と呼ばれ、戦後日本の給与制度の根幹となってきましたが、これこそが現在の黒字リストラやサラリーマンの減収の根本原因となっています。

能力で人を評価し、給与を払う。一見すると理にかなった制度のように思えますが、たとえ能力を持っていても、実際に使わなければ意味がありません。

たとえば、電車に乗る「能力」を持っていても、実際に電車に乗る「行動」を起こさなければ、目的地に着くという「成果」を果たすことはできませんよね。

ところが、多くの企業では「能力」だけにフォーカスして、「年齢や勤続年数が上がれば能力も高まる」という考え方に基づいて、年を取れば取るほど給与が高くなる「年功序列」と、ほぼイコールの給与制度になっていました。

その反動からバブル崩壊後に成果主義が大ブームになりましたが、今度は「成果」だけをクローズアップしたため、「結果さえ出せば、お客さんを騙して売ってもいいじゃないか」といった短絡的な考えが横行し、焼き畑農業みたいな営業が増えました。

また、個人の数字を重視しすぎたため「チームで頑張ろう」ではなく「手柄は俺のもの」といった個人主義に陥り、スキルや経験が継承されない問題も起こりました。

こうした反省を踏まえ、**現在は多くの企業で「成果」と「行動」に対して給与を支払う考え方が中心になっています。**

「能力」は目に見えませんが、「行動」は実際に目にすることができます。「成果」は運や環境によって左右されますが、「行動」は再現性が予見できます。

発揮されない能力に価値はありません。今でも「能力」に対して給与を支払っている会社はありますが、次第になくなっていくでしょう。

自身の能力を生かし、どんな行動を起こし、どんな成果を出すのか。今後は、これまで以上にアウトプットが重視される時代になっていきます。

本書では、第2章で会社のポジションごとに求められる「成果につながる行動」、第5章では、これからの時代の「働き方」の重要なポイントを解説します。

⑥隙間役職（部長代理、担当部長など）がなくなる

今後、多くの企業では「隙間役職」もなくなっていくでしょう。

部長代理、担当部長、部長補佐、副部長……、このように何をしているのかよくわ

からない役職がありますよね。私はこれらを「隙間役職」と呼んでいます。

隙間役職とは、簡単にいうと「部長じゃないんだけど、部長ぐらいのお金を出してあげる」という制度です。

もちろん、重要な職責を担っている方も多くいらっしゃるので一概には言えませんが、大きな会社では社員の高齢化にともない隙間役職がどんどん増えています。しかし、その年収に見合ったパフォーマンスを発揮しているとは限りません。

こうした役職を増やし、年収を上げ続けてしまったことが、企業経営を逼迫《ひっぱく》させている大きな原因となっています。

隙間役職をなくし、ポストがなければ給与が上がらない仕組みにすれば、企業としては給与を上げる必要がなくなります。責任はないんだけど、なんとなく偉いかんじで、給料をたくさんもらっている。こういう隙間役職も今後なくなっていくはずです。中高年やシニア社員にとっては歓迎できない変化かもしれません。すでに隙間役職についている人にとっては死活問題となります。

一方、若い世代にとっては、健全な発想に思えるのではないでしょうか。

ただ、これは役職者に限った話ではありません。部長職に限らず、メンバー、チーフ、課長クラスなど、ポジションごとに給与に見合った能力を発揮することが求められるので、成果を出さない限り、誰もが年収が上がらなくなることを意味しています。

つまり本当の意味で実力が問われる社会になるということです。これは独立や転職がしやすくなる時代になることも意味しています。

これらの変化をチャンスと捉えるかリスクと捉えるかによって、将来の年収も変わってきます。本書では、第5章・第6章で、年収1000万以上を得る方法、転職、独立・起業における知っておきたい大事なポイントも解説します。

「年収基準」を正しく知って万能ビジネスパーソンになる

自分を客観的に値踏みできる人は強い

激変した現代の日本で生き抜いていくためには、さまざまな変化に対応し、自分自身を変化させていく必要があります。

成果主義の徹底、給与が上がらない、ポストがなくなる……。これから私たちが生きていく世の中は、これまで以上に厳しい世界になるでしょう。

しかし、逆にいえば、実力が正当に評価される時代になるともいえるのです。

私は人事の仕事を長く続けてきて、ひとつハッキリと確信を持っていえることがあります。どんな業界・企業においても高く評価され、高い年収を得ている人には共通点があります。

それは、**自分自身を「客観的に見る力」を持っていることです。**

自分は何が得意で、何が苦手なのか。何ができて、何ができないのか。それを客観的に理解できている人は強いです。なぜなら自分の伸ばすべき点を伸ばし、改善すべき点を改善できるからです。

当たり前のことのように思われるかもしれませんが、客観的に自己評価できている人は少ないです。だからこそ、それができる人は確実に評価されます。

逆に人事評価で低評価をつけられてしまう人にも共通点があります。それは自己評価が高く（あるいは低すぎて）、周囲との評価にギャップがあることです。

そういう人は周囲のアドバイスが耳に入らないので、上司も「何をいっても無駄」と考え、次第に何もいわなくなり、一向に成長できない負のサイクルに突入してしまいます。自分を客観視できない人には、こうしたリスクがあるのです。

自分を客観的に見るとは、自分が置かれた状況を理解することでもあります。ここまで今後の働き方について詳しく述べてきたのも、自分の現在位置を知り、今どういう状況に置かれているのかを客観的に理解していただくためでした。

・これまでと同じ働き方をしていたら年収は上がらない
・今まで以上に成果が重視される世の中になる
・今後は役割の大きさによって給与が決まっていく
・上司や部下とのコミュニケーションのあり方も変えていかなくてはならない

これが、私たちが生きていく今後の社会です。「コロナが悪い」「会社が悪い」「日本が悪い」と恨んでみたところで、年収が上がるわけではありません。

では、こういう状況のなかで自分には何ができるのか、何をしたらいいのか、それを知る手がかりが「年収基準」です。

「年収基準」を知れば、人生の選択肢が大きく広がる！

世の中の年収基準を知り、それに必要とされるスキルや行動を理解し、自分に足りないものは取得する。これが組織の中で年収を上げていくための最も確実な方法です。

一般的な企業では、それぞれのポジションに対しての「会社が求めていること」は明確な違いがあります。たとえば、課長と部長はともにマネジメント力が求められますが、課長と部長では求められるマネジメント力の具体的な内容がかなり異なります。

課長クラスに求められるマネジメント力は、たとえば「目標達成」です。部長から与えられた組織やプロジェクトの目標を達成することにこだわり、あきらめず、あらゆる可能性を追求し、手段を尽くし、成果を上げる。

一方、部長クラスに求められるマネジメント力は、課長クラスよりも難易度の高い

「戦略策定」です。

3年~5年先を見据えた中長期的な視野を持ち、多角的な視点を用いて会社や部門が目指すべき戦略を明示する。数年後のあるべき姿を具体的に描き、リスクも想定したうえで経営陣に示し、その戦略を具現化するための目標を課長やメンバーに示す。

課長と部長の間には高い壁があり、この「戦略策定」のスキルがあるかないかによって年収が数百万円以上も違う場合があります。

昔、こんな笑い話がありました。ある会社で部長をしていた人が、転職するために面接に行きます。

面接官に「あなたはこれまで何をしてきたんですか?」と尋ねられた部長は「部長です」と答えます。「では、何ができるんですか?」と質問された部長は再びこう答えます。「部長ならできます」。

これは部長という肩書きだけで実際には何もできない管理職の滑稽《こっけい》さを楽しむ話として広まりましたが、本当の意味で部長のスキルを持っている人だったら、「部長のプロフェッショナル」として、どんな会社に行っても通用します。

これはどのポジションにおいてもいえることです。

自身のポジションに必要とされるスキルと行動を身につけ、高いパフォーマンスを発揮できるようになれば、どんな会社に行っても通用するようになり、起業・独立など人生の選択肢が大きく広がります。

つまり、**年収基準を知れば、万能のビジネスパーソンになることも可能なのです。**

先の見えない世の中では、自身のパフォーマンスこそが自分を守る最大の武器になります。会社や社会が安定しないのなら、自分自身に安定を求めるしかありません。

では、世の中の年収基準とは、どのようになっているのでしょうか?

次章で詳しく説明しましょう。

第2章

これからの時代に年収を決める重要なポイントとは何か?

今後の「年収」について、きちんと考えておくべきこと

あなたの年収はどのように決まっているのか？

日本のほとんどの企業では、等級制度や職位制度と呼ばれる仕組みが導入されており、給与は等級や職位によっておおよそ決まっています。

等級・職位というのは、簡単にいうと、補助・育成クラス（新人）、自己完遂クラス（メンバー）、チーフ、課長クラス、部長クラスといった、社内におけるポジションです。

給与水準は、業種・規模・地域・企業ステージ（創業期・成長期・成熟期・衰退期）などによって異なりますが、一般的な基準ともなる標準的な金額はあります。モ

デル年収とも言われますが、本書ではそれを「年収基準」と呼んでいます。

日本人は、お金の話はしたがらないものです。家族や身内、親しい友人であっても、自分の年収や給料の具体的な金額について話すことはあまりありませんよね。

そのため自分の年収が高いのか、低いのか、他の人はいくらぐらいもらっているのか、よくわかっていない人も多いのではないでしょうか。

ほとんどの企業では、なぜか給与の仕組みを公開していません。給与を上げる方法がわかれば、誰もがモチベーションが上がります。昇給の仕組みや昇進のために必要なスキルがわかれば、努力すべき目標が明確になります。

経営者や人事部は、ほとんどの場合、何らかのルールに基づいて昇給をさせているものです。そのルールを非公開にする理由はないはずです。

本章では、この一般的な「年収基準」を全公開します。補助・育成クラス、自己完遂クラス、チーフ、プロジェクトリーダー・主任、課長、部長、本部長・役員、上級役員・社長と、8段階のクラスに分けて、具体的な年収額を紹介します。

また、年収ごとに求められる評価基準＝コンピテンシー（成果につながる行動）も具体的にお伝えします。

新人、メンバー、チーフなど、自身が該当するポジションの年収基準をチェックし、実際の自分の年収と同程度なのか、大きな差があるのかチェックしてみてください。

自分の年収のほうが低い場合は、自分のクラスやひとつ上のクラスのコンピテンシーを確認し、そこで必要とされるスキルや行動を獲得する。あるいは転職を視野に入れるのもひとつの手でしょう。

逆に自分の年収のほうが高い場合は、自分のクラスのコンピテンシーを十分に確認してください。「年収基準より高かった」と安堵するのは非常に危険です。

今後リストラ候補になりやすいのは、年収に見合ったパフォーマンスを発揮していない人材です。一般的な基準より年収が高いのは、むしろ怖いことなのです。

年収別に必要な仕事のスキルを明確に知っておこう

会社が「各クラスに求めていること」とは何か？

では、一般的な目安とされている「年収基準」を公開します。ここで紹介されているコンピテンシー＝評価基準は、社員2000名の上場企業から社員3名のベンチャー企業まで成長しているさまざまな会社で実際に導入・運用されているものです。

チーフや主任といった等級や職位の呼称は会社によって異なりますが、呼称が違っても、昇格するごとに求められる行動は、どんな会社もほぼ変わりません。

また、会社の特性によってクラスごとに求めるコンピテンシーが異なる場合もあります。たとえば「うちは採用時から『主体的な行動』を求める」「もっと下のクラスから『進捗管理』が必要」などですが、基本的な考え方は共通しています。

まずは、現在の自分のクラスに求められているスキルや行動は何か、そして今後必要となるのはどんなことかを確認してください。

現在の自分に求められていること、これから求められることが認識できれば、年収を高める方法や成長ステップの指標になるはずです。

ちなみにコンピテンシーは年収を上げるうえで「欠かせないもの」であり、他のクラスのコンピテンシーが必要ないわけではありません。

たとえば、現在は「課長」であっても、課長クラスに求められるコンピテンシーだけを達成すれば評価されるわけではありません。

当然、その前段階である「自己完遂クラス」「チーフクラス」等のコンピテンシーも求められ、できて当然とされます。

自己確認の意味でも「補助・育成クラス」から順を追ってチェックしていきま

しょう。

それでは最初に「各ポジションに求められている人材像」を確認していただき、各クラスの「年収基準」と、必要とされるコンピテンシーを見ていきましょう。

■各ポジションに求められている人材像

●補助・育成クラス

社会人の基本を身につけ、協調性をもってチームの一員として仕事をする。指示を受けながら、業務を遂行する。成長のための学習を怠らない。

●自己完遂クラス

任された仕事を完遂する。相手の気持ちに共感し、安心・安定感を抱かせ信頼を得る。新たな動きに前向きに取り組む。適切な報連相を行い、チーム内で信頼されている。

●チーフクラス

自分の仕事の完遂とチームメンバーの支援、後輩指導を行う。状況を客観的に見たうえで、自ら率先して行動する。

任された仕事の進捗を管理し、やり遂げる。問題の本質を見ることができ、業務における判断とアウトプットの品質が信頼されている。アイデアを適切にわかりやすく企画にまとめ、提案することができる。

●プロジェクトリーダー・主任クラス

プロジェクトを率い、目標達成のための進捗を適切に管理し成果を出す。周囲のメンバーの士気を高める働きを行い、活性化したチームにする。

柔軟性が高く、その状況判断は信頼を得ている。多くのアイデアを出し、常に改善を心掛け、実績を上げる。自身の考えを有効に伝えるプレゼンテーション能力にすぐれ、相手に理解されている。

●**課長クラス**

任された5名〜10名のチームの目標設定・計画立案を適切に行い、計数の管理も行いながら、成果を上げる。

チームメンバーそれぞれの人材育成に責任を持つ。傾聴力があり、メンバーから信頼されている。部門単位の決断のための有効な解決策を、論拠を持って示す。

一定領域の専門性を有し、社内で認められている。発想はこれまでのものにこだわらず、変革を実現する。

●**部長クラス**

3年程度の部門の戦略を策定し、経営の承認を得て、メンバーに示す。明確な部門の目標を設定する。優秀な人材を引き上げ、仕事を任せることにより育て、また人材育成の仕組みをつくり、実績を上げる。

重要な決断のための解決策を十分練って経営に提言する。経営からも同僚・部下からも信頼される説得力を有している。

●**役員・本部長クラス**

組織のビジョンを描き、そこに至る戦略を策定し、経営の承認を得て、組織メンバーに示す。

大きな組織を率い、目配りがきく。優秀な人材についての見る目を持っており、チャンスを与えて引き上げる。

社内外に人脈を持ち、ビジネスに活用している。適切に決断し、その決断の責任を負う。

●**社長・上級役員クラス**

スケールの大きさが問われる。会社全体のビジョンを示し、そこに至る戦略を描き示す。大きな組織を率い、ゆるぎない信念で多くの人たちを導く。広い人脈を持ち、社会的にも影響を及ぼす。重要な決断をタイムリーに行い、全責任を負う。ゆるぎない信念で、組織を導いていく。

※次ページから紹介する年収基準額は、フルタイムで働いていることを想定してい

ます。業種・企業規模・職種・地域により異なりますので、あくまで「目安」と考えてください。

また、各項目に記述されていることをほぼすべてできていることが、基本的にはその「年収を確保する条件」と考えて下さい。

ただし、求められていることを理解・把握したうえで、まだできていないことを認識し、それを実行していくことにより、年収を確保することも可能です。

※「成果による加算」については、成果を上げたときに賞与で加算されることを想定した金額です。

賞与の制度は会社によって大きく異なりますので、こちらについてもあくまで目安であり、想定年収の幅と考えていただいて構いません。

●「年収基準」CHECK START

補助・育成クラス（新人）
年収基準＝２４０万～（成果による加算＝30万）

■求められる仕事のレベル

指示されたことを指示に基づき業務を遂行できることが求められます。結果がわかっている仕事、手順が明確なことをきちんとできるようになることが重要です。

■身につけておきたいビジネスの基本知識・スキル

素直で元気、勤怠に信頼性があるなど、ビジネスパーソンとしての基本を身につけること。

■年収アップのポイント

手順は同じでも、ちょっとした工夫で顧客や周囲が喜ぶポイントを見つけて実行するなど。それによって社内外から認められるチャンスにつながります。

補助・育成クラス

01：共感力

他者の気持ちを気にかけている。相談を持ちかけられたら親身に乗り、相手の気持ちに共感を示す。違う立場や意見を持つ人を受容する。一対一の人間関係を円滑に築く。

02：成長意欲・学習意欲

キャリア上の目標を持ち、そこに向かって自ら能力を伸ばそうとする。好奇心を持って能動的に学ぶ。継続的な勉強を怠らない。他者からのアドバイスを常に求める。成長意欲がある。

03：誠実な対応

誠実であり、信頼できる。模範的な行動をとる。うそやごまかしがなく、謙虚である。感謝し、お礼を伝え、間違いがあれば素直に謝り、反省する。

04：ルール遵守

ルール、約束、期限を守る。決まりごとを認識し、決められたことを着実に行い、他者にもそれを求める。引き受けた仕事は最後までやり抜く。

05：マナー意識

清潔な身だしなみ、安心感を与える立ち居振る舞い、きちんとした言葉遣いなど、初対面の相手にも好感を得られるマナーを身につけている。

06：タフさ

仕事を続けるエネルギーがある。必要なら熱心に長時間持続的に働く。進んで仕事を引き受ける。厳しい状況でもへこたれない。

自己完遂クラス（メンバー）

年収基準＝～300万～（成果による加算＝50万）

■求められる仕事のレベル

仕事を自己完遂できることです。結果がわかっている仕事、手順が明確に示されている仕事においても、他の人より効率的に仕事を進める、後輩に教える、手順の改善を提案するなど、補助・育成クラスよりも提供価値が高まっている状態が求められます。周囲から好感を持たれる・頼られるといった資質も必要とされます。

■身につけておきたいビジネスの基本知識・スキル

共感・要約・限定質問・拡大質問・受容・適切な主張などの基本的なコミュニケーションスキル。メールや報告書などにおける適切な文章力。

■年収アップのポイント

改善の提案を行い、それが認められることによって評価されます。新人を教えたり、チームを元気づけたりするなど、周囲への好影響をもたらすことによって、上司やメンバーから認められていきます。

自己完遂クラス
01：創造的態度（意欲）
広く興味を持ち好奇心を持って物事をとらえる。他者が出した発想やアイデア・新しい取り組みに対して、前向きに、積極的に受け入れ、発展させようとする。
02：目標達成（個人）
自らの目標を達成する。達成にこだわり、あきらめず、最後の最後まで可能性を追求し可能な手段を尽くす。何事も実行を重視し、投げ出したりせず、目標を追い続ける。目標達成にこだわりエネルギーを絶やさない。
03：情報収集
必要な情報を多方面から入手する。いろいろな人の意見を聞き、多くの情報ソースからの情報を集め、客観的に事実を捉える。
04：チームワーク
チームメンバーと協調し、他者に積極的に献身的に協力する。チームの方針に沿った行動を行い、また自分が得た情報を適切にチームと共有する。
05：伝達力
自分が伝えたいことを、要点をまとめて、わかりやすく伝える。口頭でも文書でも、しっかりと簡潔に伝え、相手を混乱させない。報連相（報告・連絡・相談）を適切に行うことができる。
06：カスタマー
顧客（価値を提供する相手）のニーズを理解し、常に顧客満足を得られるものを提供しようとする。フォローを適切に行い、満足度を向上させる。
07：主体的な行動
自分で考え率先して行動し、チームの動きをつくる。チャンスがあればためらわずにやってみる。
08：継続力
困難があったときでも、負けずに仕事に取り組み続ける。単調なことでもコツコツと努力を継続する。

チーフクラス

年収基準＝360万〜（成果による加算＝70万）

■求められる仕事のレベル

3人程度のチームのリーダーになることです。結果がわかっている仕事であっても、手順をつくる、よりよくする、新人に教える、そしてよりよい結果を導くための提案をし、成果に結びつけることが求められます。周囲をリードしながら、自らの考えを適切に伝えることも必要とされます。

■身につけておきたいビジネスの基本知識・スキル

効果的なコミュニケーション・図解化スキル・企画提案スキル、チームのPDCA（計画→実行→評価→改善）の設定とマネジメント力。

■年収アップのポイント

手順そのものを見直し、より効果的な結果を導く。新たな取り組みについても提案を行い、より高い成果を出すことが求められます

チーフクラス
01：創造的能力
未体験の問題解決に適した新たなアイデア（モノ、方法、しくみ、発明など）を生み出し、企業活動に価値あるものとして具現化する力がある。常に新しいことを発想し、それを形にしようとし、新たな価値を生み出している。
02：進捗管理
チームの目標達成に向け、計画の進捗管理を行う。計画に設けられたマイルストーン時点での達成状況を確認する。実行の優先順位をはっきりさせる。進捗に問題があるときは、計画修正を行い、達成に向けて管理する。
03：目標達成（チーム）
チームの目標を達成する。達成にこだわり、あきらめず、最後の最後まで可能性を追求し可能な手段を尽くす。何事も実行を重視し、投げ出したりせず、目標を追い続ける。目標達成にこだわりエネルギーを絶やさない。
04：状況把握・自己客観視
自身と周囲の人々や物事との関係性およびその環境を的確に理解し、適切で必要な言動をとる（空気を読む）。自身を客観的に振り返っており、自身の良いところ、改善すべきところを把握していて、常に自らをより良くしようとする。
05：企画提案力
企画をわかりやすく提案する。相手にわかりやすい企画資料にまとめる。プレゼンソフト、表計算ソフトにより、関係性を示す図解表現、わかりやすいグラフなどを織り込んだ企画書・提案書を作成し、説明する。
06：クオリティ
仕事の品質にこだわり、チェックを怠らない。品質向上を常に意識し、ミスが起こらない仕組みを作る。
07：主体的な行動
自分で考え率先して行動し、チームの動きをつくる。チャンスがあればためらわずにやってみる。
08：ストレスコントロール
緊張の強い場面でもパニックにならず、冷静に対処する。プレッシャーの下で実績を出す。他者の批判を受容し、反発せず、適切に対応する。

プロジェクトリーダー・主任クラス
年収基準＝420万～（成果による加算＝70万）

■求められる仕事のレベル

5人程度の少人数のチームを取りまとめることです。後輩の指導をする、よりよい結果を導くための改善を働きかけ、業務の効率化を実現することが求められます。自ら率先して的確に動き、周囲を巻き込むことが必要です。

■身につけておきたいビジネスの基本知識・スキル

ロジカルシンキング、効果的なコミュニケーションスキル（傾聴力・プレゼンテーションスキル）、チームのPDCA（計画→実行→評価→改善）設定。

■年収アップのポイント

所属する課の運営に関して課長から信頼を得ながら、補佐し、一部を代行していく。任された分野の成果を確実に出す。後輩の話をよく聞き、導き、信頼されることなどが年収アップにつながります。

プロジェクトリーダー・主任クラス

01：動機づけ

チームの目標達成のために、周囲に積極的に働きかけ、仕事の目的や意味を伝え、理解させ、熱意を持って動機づけする。チームの活性化を促進する。モチベーションが下がっているメンバーを適宜フォローする。

02：改善

あるべき姿と現状の差異を確認し、問題を把握し、より良い方法を常に工夫する。無駄を排除し、より効率的な仕事の進め方を考え実行する。

03：異文化コミュニケーション

文化や価値観の違う人とコミュニケーションし、理解し、共感する。また自身の価値観や文化について伝え、理解を得る。

04：プレゼンテーション

わかりやすく、はっきりと、要点を効果的に伝える。相手の人数にかかわらず、プレゼンテーションツールや技法を用いて、聞き手の理解と共感を得ながら、伝えるべきことをすべて伝える。

05：柔軟な対応

環境変化、相手の要望の変化に適切に、かつ前向きに対応する。臨機応変に立ち回る。

06：創造的能力

未体験の問題解決に適した新たなアイデア（モノ、方法、しくみ、発明など）を生み出し、企業活動に価値あるものとして具現化する力がある。常に新しいことを発想し、それを形にしようとし、新たな価値を生み出している。

07：進捗管理

プロジェクトの目標達成に向け、計画の進捗管理を行う。計画に設けられたマイルストーン時点での達成状況を確認する。実行の優先順位をはっきりさせる。進捗に問題があるときは、計画修正を行い、達成に向けて管理する。

08：問題分析

問題を客観的・構造的かつ網羅的に捉える。必要に応じて適切な分析ツールを用いながら、問題の本質を見抜く。

課長クラス

年収基準＝500～700万（成果による加算＝100万）

■求められる仕事のレベル

5～10名単位のチームを率いて、組織の結果を出すことです。自身の動き次第でチームの成果が異なってきます。上位組織の会議体に参加し、意見も求められます。チームメンバーのモチベーションを高めることや、人材育成の責任も負います。

■身につけておきたいビジネスの基本知識・スキル

タスクマネジメント・ヒューマンマネジメントに関する知識を有し、活用する。キャリアビジョン・キャリアプランに関する知識、モチベーションに関する知識、関連する業界の動向に関する知識と情報の獲得。特定分野の専門性。

■年収アップのポイント

チームの目標設定に際して、全社・事業部門の戦略を理解したうえで、意味のある目標を設定していく。目標達成についての信頼を上げていくことが重要です。

課長クラス

01：変革力

これまでの慣習・前例に捉われない新たな取り組みを行う。現状への危機意識を持ち、常に新しいことを常識に捉われずに試行し、実績につなげる。反対勢力が現れてもそれに屈せずに進んでいく。

02：目標設定

業績を向上させる、また、より組織効率を高めるような適切な目標を、達成基準を明確にして設定する。組織目標を明示し、正しく理解させるために周囲に働きかけ、個人目標にブレイクダウンし、個々の適切な目標設定をさせる。

03：計画立案

無理なく目標達成することができる、考え抜かれた現実的な計画を立案する。

04：計数管理

計数に明るくプロフィット&ロス（PL）やバランスシート（BS）に関する知識を有する。財務的視点、計数的視点から物事を捉え分析する。自社、自部署の収益構造を理解しており、業績をあげるための適切な施策を実行する。

05：人材育成

メンバーのそれぞれの能力向上を働きかける。個別の目標・課題設定を促し、評価し、良い点・改善点のフィードバックを適切に行い、気づきを与え、成長させる。

06：解決案の提示

適切な状況判断を行い、解決のための複数の選択肢を案出する。それぞれの選択肢のメリット・デメリットを整理し、合理的な決断を促す。

07：傾聴力

相手が「わかってくれた」と思うまで相手の話をよく聞き、理解する。相手に理解していることを示し、信頼を得る。

08：スペシャリティ

業務に必要な専門知識や技術を有し、実際の業務においてそれを活かす。自らの専門性を常にブラッシュアップし、かつ専門外の人にわかりやすく伝える。他の専門性との連携を適切に行う。

部長クラス

年収基準＝700〜950万（成果による加算＝150〜250万）

■求められる仕事のレベル

結果がわからない分野においても責任を負い、複数のチームをまとめ、率いて組織結果を出すことです。3年程度の部門の戦略を立案し、示す。人材の育成と発掘の責任を負う。変革と新たな価値創造を指向し、実績を出すことが求められます。

■身につけておきたいビジネスの基本知識・スキル

会社のビジョン・ミッションを踏まえた自身が関連する部門の戦略を立案し、示す。そのために広範な視野を持ち、関連分野の知識を有する。社内外の動向を掴み、実現可能で価値ある戦略を示す。

■年収アップのポイント

経営戦略・事業戦略・組織戦略・人事戦略・財務戦略に関する知識と活用。経済の動向、関連する業界の動向に関する知識と情報の獲得が必要とされます。

部長クラス

01：戦略策定

ビジョンに向かう部門の戦略を策定する。組織メンバーに方針を示し、組織の向かう方向を明らかにする。戦略を具体化し、実行の責任を負う。

02：目標設定

業績を向上させる、また、より組織効率を高めるような適切な目標を、達成基準を明確にして設定する。組織目標を明示し、正しく理解させるために周囲に働きかけ、個人目標にブレイクダウンし、個々の適切な目標設定をさせる。

03：人材発掘・活用

社内の優れた人材を見出し、引き上げる。また社外の優秀な人材を引っ張る。組織全体の人材育成を働きかけ、将来性のある人材を育てる仕組みを構築する。

04：業務委任

メンバーに仕事を任せ、成長の機会を与える。業務を委任するメンバーと判断基準を合わせ、責任は引き受けながら権限を委譲し、自身はより重要な職務に時間を割く。

05：人的ネットワーキング

社内外の人的ネットワークを構築し、活用する。企画を通すために根回しを行い、理解を得て、実現への組織合意を形成する。多面的な分野の人材とのネットワークを持ち、協力・協業し、新しいビジネスの可能性を高める。

06：説得力

傾聴と発信により、相手からの信頼を得て、その考えや行動を自分が意図した方向へ変える。交渉がうまく、双方のWin-Winを示し、合意形成する。

07：プロフィット

利益向上に関しての関心を持ち、現在どのような状況にあるのかを把握している。「儲け」に対しての意識が高く、どのようにしたら利益を生み出せるのかを常に考え、取り組み、実績につなげる。

08：解決案の提示

適切な状況判断を行い、解決のための複数の選択肢を案出する。それぞれの選択肢のメリット・デメリットを整理し、合理的な決断を促す。

役員・本部長クラス

年収基準＝950〜1200万（成果による加算＝200〜400万）

■求められる仕事のレベル

全社に影響を与えることです。ビジョンや戦略によっては会社の命運を大きく左右するため、重要な責任があります。複数部門の統括、5年以上の組織のビジョンを根拠を持ちながら示し、そこに至る戦略を示す。経営戦略・組織戦略・人事戦略・財務戦略のいずれか、またはすべてを担います（組織規模による）。人材の育成と発掘の責任を負い、会社の変革と新たな価値創造を主導し、結果を出すことが求められます。

■身につけておきたいビジネスの基本知識・スキル

経営全般に関する知識。将来を予見する力。人望、高い信頼性、発言力、人々を奮い立たせるビジョンを示す人間力も必要とされます。

■年収アップのポイント

成果を出すこと、未来を示すことで組織メンバーの方向性を同じくしていくこと。また、社内外から高い信頼を保持し、新たな価値創造を模索し続け、結果を出していくこと。

役員・本部長クラス

01：ビジョン策定

中長期的な視野を持ち、多角的な視点を用いて、事業のビジョンを明示する。数年後のあるべき姿を描き、示す。

02：戦略策定

ビジョンに向かう事業の戦略を策定する。組織メンバーに方針を示し、組織の向かう方向を明らかにする。戦略を具体化し、実行の責任を負う。

03：組織運営

さまざまな組織階層や職種についての知見を持ち、それぞれを理解する。戦略、戦術を作るときに、全ての人材について尊重し、目配りし、成果を最大化する組織運営を行う。

04：決断力

タイミングよく、必要な決断を下し、メンバーに明確に指示をする。ほかの選択肢を捨てることを厭わず、自らの決断に責任を取る覚悟ができている。

05：信念

自分が信じる確固たる意志を持ち、反対や批判があっても前進する。成功に向けて情熱的に周囲に働きかける。

06：人材発掘・活用

社内の優れた人材を見出し、引き上げる。また社外の優秀な人材を引っ張る。組織全体の人材育成を働きかけ、将来性のある人材を育てる仕組みを構築する。

07：説得力

傾聴と発信により、相手からの信頼を得て、その考えや行動を自分が意図した方向へ変える。交渉がうまく、双方のWin-Winを示し、合意形成する。

08：人的ネットワーキング

社内外の人的ネットワークを構築し、活用する。企画を通すために根回し、理解を得て、実現への組織合意を形成する。多面的な分野の人材とのネットワークを持ち、協力・協業し、新しいビジネスの可能性を高める。

社長・上級役員クラス
年収基準＝1200万〜（成果による加算＝300万〜）

■求められる仕事のレベル

全社および大きな組織のビジョンと戦略の策定です。長期の会社・組織ビジョンを根拠を持ちながら示し、戦略を示すこと、会社のあらゆる分野における責任を負います。極めて高い人望、信頼性、発信力、カリスマ性などの資質も求められます。

■身につけておきたいビジネスの基本知識・スキル

全社ビジョン・将来像を描く。事業拡大・撤退の判断。事業ポートフォリオの策定と実現。全社の業績責任を負い、各事業部の経営計画の策定を主導し、全社業績の責任を負う。大局からの的確な指示により、全社目標を達成することが必要とされます。

■年収アップのポイント

大きな責任から逃げずに決断する。会社の存続・発展に関してのすべての責任を負う。

事業拡大とその成功、全社業績によって年収が上がります。

社長・上級役員クラス （ここはスケールの大きさが問われます。より長期的なビジョンや戦略、大きな決断、人的ネットワークの広さ、多彩さなどです）
01：ビジョン策定
中長期的な視野を持ち、多角的な視点を用いて、全社のビジョンを明示する。数年後のあるべき姿を描き、示す。
02：戦略策定
ビジョンに向かう事業の戦略を策定する。組織メンバーに方針を示し、組織の向かう方向を明らかにする。戦略を具体化し、実行の責任を負う。
03：組織運営
さまざまな組織階層や職種についての知見を持ち、それぞれを理解する。戦略、戦術を作るときに、全ての人材について尊重し、目配りし、成果を最大化する組織運営を行う。
04：決断力
タイミングよく、必要な決断を下し、メンバーに明確に指示をする。ほかの選択肢を捨てることを厭わず、自らの決断に責任を取る覚悟ができている。
05：説得力
傾聴と発信により、相手からの信頼を得て、その考えや行動を自分が意図した方向へ変える。交渉がうまく、双方のWin-Winを示し、合意形成する。
06：信念
自分が信じる確固たる意志を持ち、反対や批判があっても前進する。成功に向けて情熱的に周囲に働きかける。
07：人的ネットワーキング
社内外の広い人的ネットワークを構築し、活用する。企画を通すために根回し、理解を得て、実現への組織合意を形成する。多面的な分野の人材とのネットワークを持ち、協力・協業し、新しいビジネスの可能性を高める。

キャリアビジョン・キャリアプランの本質とは？

「年収基準」で成長ステップを考える

「年収基準」を見ていただきました。現在の自分に求められているスキルや今後必要となる行動、年収のおおまかな流れを掴んでいただけたのではないでしょうか。

年収基準は、今後のキャリアビジョン・キャリアプランを考えるうえでの指標になります。年収を上げていくためには、自分の強みはもちろん、弱みや課題も客観的に認識し、それを克服していかなくてはいけません。

成果がより重視され、給与が下がることが当たり前になるかもしれない今後の社会を生き抜くためには、自身のキャリアにおける目標をできるだけ明確に持ち、そこに向かって自らの能力を伸ばそうと努力していくことが必要になります。

従来の給与制度では、若年層においては大きな問題や個別の事故（勤怠異常など）がない限り、ほぼ一律に昇給しました。ここではあまり大きな差がつきませんでした。その後、チーフやプロジェクトリーダー、主任などに昇進すると、誰が先に課長になるのかなどで差がつきました。ただし基本的には早いか遅いかの問題なので、一定の層まではほぼ一律に昇給しました。

課長以降になると、トーナメント型になり、はじめて選抜が行われます。部長になれない課長層も出てきます。役員以降も同様です。

このような漠然とした昇進イメージは、多くの人が認識していると思いますが、何をすれば、どれくらいの年収になるのかまでは知らない人がほとんどでしょう。

年功序列の給与制度で、勤続年数や年齢などによって誰もが一律に昇給・昇進していた時代なら、それでもよかったかもしれません。

しかし今後は成果主義が強まり、役割によって年収が決まることも予想されます。それぞれのクラスごとに「会社が求めていること」を理解し、そのスキルを獲得しなければ、減給、降格、あるいは退職勧奨といった事態が起きないとも限りません。

各クラスで求められるコンピテンシーは、活躍する人が特徴的に持つ行動や考え方です。これらを知ることで、今の自分に求められていること、足りないこと、次の課題が見えてきます。

年収アップに必要なのは、現在の自分を客観的に理解することです。自分の年収が高かった・低かったと一喜一憂するだけでなく、今後の働き方の参考にしてください。

そして年収を上げていくためには、越えなくてはいけない「壁」のようなものがいくつかあります。こうしたポイントについて理解しておくことが、キャリアビジョン・キャリアプランを考えるうえで非常に重要です。

会社におけるポジションや個別のコンピテンシーとはまた別に、世の中全体を俯瞰《ふかん》した観点から「年収基準」の重要なポイントを見てみましょう。

「誰がやっても同じ結果が出る仕事」は年収250〜300万

一般的な年収基準では、補助・育成クラスや自己完遂クラスの年収は250万〜360万円となっています。このレベルで求められるのは、まずは「社会人に求められる基本」であり、働くなら最低限備えていなければならないことです。

メンバーと協調する、感謝し、お礼を言う、ルールや時間を守る。これらの基本的なことができなければ、年収300万を得ることは難しく、年収200万、場合によってはもっと少なくなることもあり得ます。

仕事の内容としては、どのような業種や職種であっても「誰がやっても同じ結果」を出すことが求められます。

たとえば、コンビニ店員や工場スタッフのような仕事です。コンビニでは商品を販売し代金をいただくこと、工場では決められた指示通りに製品をつくることが必要とされ、「誰がやっても同じ結果」が出ることが重視されます。

こうした業務は、アルバイト、パート、派遣スタッフといった非正規雇用のケースが多く、個々のパーソナリティよりも「誰がやっても同じ結果が出る仕事」を確実に、効率よく指示通りに行うことが求められます。

たとえ正社員であっても「誰がやっても同じ結果が出る仕事」を続けているだけでは、年収はそれほど上がりません。年収400万以上を目指すなら、チーフクラスのコンピテンシーを獲得し、次の段階に進むことが必要となります。

「優秀なプレイヤー」は年収400万～500万

年収360万以上で求められるのは、周囲を巻き込む力です。自分ひとりで仕事が完遂できるだけでなく、後輩やチームメンバーを指導するなど、チームのPDCAサイクル（計画→実行→評価→改善）を回すことが求められます。

コンビニでいえば店舗マネージャー、工場でいえば主任ということになるでしょう。営業などのひとりで行う仕事であっても、顧客や社内の関連部署などを巻き込み、より大きな成果を出すことが求められます。

周囲を巻き込み、大きな影響力を発揮できるようになれば、年収５００万以上も望めます。ただし「優秀なプレイヤー」のままでは、年収は４００万〜５００万。それ以上の年収を得ようと思うなら、「マネジメント」ができることが必要となってきます。

「マネジメント」ができれば年収５００万〜７００万

年収５００万以上は、課長クラスです。小単位の組織を率いる、いわゆる管理職ということになります。マネジメントとは「経営資源を有効に活用し最大の成果をあげること」。経営資源とは「人・モノ・カネ・時間・情報」です。これらをムダなく活用し、最短距離で目標を達成することが求められます。

課長クラス以上の管理職は、タスクマネジメントとヒューマンマネジメントの２つの軸で評価されます。タスクマネジメントでは、個人のＰＤＣＡから組織のＰＤＣＡを回すことに職務が移行し、段取りを組み、ミスなく実行し、品質をチェックし、納期を守り、よりよく改善し、成果をあげる。これを組織単位で行い、その責任を負うことになります。

ヒューマンマネジメントでは、部下やメンバーの「育成」が求められます。育成とは、メンバーの3年後、5年後のキャリアビジョンやライフビジョンを把握し、それについてメンバー一人ひとりと話し合い、各々の課題を明確にし、能力開発を支援することです。このようにして組織の中で大きな影響力を発揮していくと、その成果やマネジメントの責任を負うメンバーの人数などによって年収が上がっていきます。

マネジメント範囲の大きさ、チームで成果を安定的に出していくことによって、課長クラスなら５００万〜６００万以上の年収レベルが見えてきます。

マネージャーでなくても、一定以上の専門性を有して、会社や部門、または顧客に対して、有効な提案を行い、それが受け入れられ、成果に結びつく新たな価値創造ができるのであれば、６００万円程度の年収は安定的に望めます。

管理職ということで、課ぐらいのチームを任せられる人なら、７００万円ぐらいまでの年収が望めるでしょう。

ただし、それ以上の年収を望む場合には「部長クラス」になるという大きな壁があります。課長はできるけれど、部長はできない。そういう人は多く、課長クラスで留まることがほとんどなのがビジネスパーソンの実情です。

年収８００万以上をめざすなら、「戦略」や「変革力」といった極めて高いレベルの知識やスキルを身につける必要があります。

「高度なスキル」が必要となる年収800万以上

年収800万以上は、いわゆる部長以上のクラスです。ここで求められるのは、リーダーシップです。仕組みをつくり、回すことが「マネジメント」だとすると、次に生み出すべき価値をつくることが「リーダーシップ」になります。

部長クラスは、組織の3年後、5年後の姿を見据え、戦略策定を行うことが重要な任務となります。戦略とは「やるべきこと」と「やらないこと」を明確に示すことで、一定以上の経験・知識、戦略フレームなどの知識による事業戦略、組織戦略、人事戦略、財務戦略のいずれかに長けている必要があり、高度な勉強が必要です。

こういったことを教えているのがMBAを取得するビジネススクールで、そう簡単にはできない領域です。「理想と現実」をしっかり見極め、実のある戦略提案ができなければ、年収800万を超えることは難しいでしょう。

部長クラス以上のリーダーは、組織や会社の命運を左右する重大な決断を下し、その責任を取る覚悟も求められます。

だからこそ、こうした高度なスキルや知識、経験を身につけている人は希少価値が高く、大きな企業であれば年収1000万以上を望むことができます。

「いそうでいない」年収1000万以上

年収1000万以上は、社長やそれに準じる役員クラスです。このクラスに求められるのは、組織の「ビジョン」を示すことです。

中長期的な視野を持ち、3年後、5年後には、自社や自部門はどのような姿になっているのか、何を実現しているのか、何を目指しているのか、世界や日本の動き、経済や景気、マーケットの動向、自社と競合のトレンドなど、多くの情報を集め、リスクも考慮した多角的な視点を持つことでビジョンを明確にし、社員や経営陣に提示します。

組織にいそうで、なかなかいないのがこのレベルの人です。社長であれば、会社の命運を背負って自ら示す覚悟と責任が必要です。役員であれば、社長と渡り合い、コンセンサス（意見の一致）を取り、批判や反対をされても、根拠を示して説得する信念が求められます。

執行役員や本部長、上級役員などと呼ばれるこのクラスの年収は、負う責任の大きさ、見る組織の大きさによって変わり、中小企業でも1000万以上、大手であれば1500万や2000万、大企業になれば億単位の年収も望めます。

専門職についてでもマネジメント力は必要

課長や部長や役員にならなくても、「専門職」として年収を高める方法があるのではないか、と考える方もいるでしょう。

はい、もちろん、高度な専門性で高い年収を得ている人もいます。その専門性が希少であればあるほど、年収は高まるでしょう。

ただし、活躍しているスペシャリストの多くは、実は高度な「マネジメント力」を有しています。組織を率いていなくても、社内外のネットワークを持ち、それらを有機的に活用して、大きな成果をあげています。

私は「人事部長」になりましたが、経験を積むにしたがって、一定の人事の専門性も有するようになりました。

また、専門性が陳腐化するということも考えられます。3年前は希少性が高かったけれど、今は一般化してしまい、優位性がなくなってしまう、ということです。専門性は常にブラッシュアップしていなければ、年収は維持できません。

その意味でも、専門性と、社内外のマネジメント力の双方を有していると強いと考えます。専門家で年収の高い人は、やはり部長や役員クラスと同等のマネジメントスキルを有しているものです。

「目先の年収だけ」を基準にすると、必ず転職に失敗する理由とは？

「転職で年収アップ」の落とし穴

キャリアアップの方法は、今いる会社で昇進することだけではありません。「年収基準」と比較して自身の年収が低すぎる場合は、転職するのもひとつの方法です。

ただし、転職サイトの求人広告によくある「**転職で年収アップ**」といったフレーズ**に惹《ひ》かれて転職するのはすすめられません。**

私はこれまで25年以上、人事の仕事にたずさわってきましたが、「年収アップを目的とした転職に成功した人」をほとんど見たことがありません。年収アップを目的としている転職希望者の採用を避けるのは、実は人事の世界の常識にもなっています。

なぜなら企業側と転職希望者のニーズが100％マッチすることはまずありません。前職で得たスキルや経験が、転職先では活かせないケースが多々あります。転職先の会社が求めるニーズと転職希望者が求める方向性が大きくズレていて、長く続かない事例は本当に多く、企業側も前職以上の給与を払うことはかなりリスクが高いです。

では、転職を成功させるには、どうしたらよいのでしょうか？

それは、年収ではなく、「自分が本当にやりたいこと」を優先することです。年収を下げてでも自分がやりたいことをするのが、実は転職を成功させる最善の方法なのです。

「あなたの希望年収は800万ということですが、当社では600万になります」面接でこのようにいわれたときに、「それでもやりたい」という人が転職に成功し、一時的には収入が下がっても、結果的には年収が上がっています。

「お金」だけが目的の転職は、まず成功しません。それどころか「年収」を目的化すると道を誤ります。これは私自身の実体験でもあります。

年収を目的化すると道を誤る理由

私が新卒で入った会社は年収が低く、当時結婚を考えていた現在の奥さんの年収のほうが高いくらいでした。これはまずいと考えた私は、結婚を機に年収の高い会社に転職しました。目的の第一は「お金」です。

たしかに年収は上がりました。月収は30万円くらいでしたが、営業職でインセンティブなどがあり、年収としては900万以上になるときもありました。

でも、本当につらい7年間でした。生活のためだけに仕事をしていたと言ってもよく、家族を逆恨みしたくなるようなときさえありました。

そんな状態に危機感を覚え、私はまた転職しました。その会社で私の年収は

６００万程度に下がりましたが、不思議と気持ちが楽になりました。

転職活動中に面接を受けた会社では、５００万といわれたこともあります。そのときに思ったのです。「これくらいが自分の本当の実力なんだな」と。

私は前職で９００万の年収をもらっていても、なぜか嬉しくありませんでした。私の営業スキルからすると釣り合わない年収だと自覚していたこともあり、むしろ不安のほうが大きかったのです。

転職して年収が下がり、ようやく自分の市場価値を正しく認識できた気がしました。

転職先の人事の仕事にやりがいを感じた私は、上司が厳しい人だったこともあって、事業戦略、組織戦略、人事戦略など、高度な勉強にも取り組むようになりました。そして人事部長となり、最終的に年収は１０００万を超えました。

お金を目的にしなかったことで、結果的に転職が成功し、年収も上がったのです。

こうした事例は私だけではありません。

「本当にやりたいこと」が年収アップの最短ルート

逆説的なようですが、転職に限らず、年収アップを実現するために重要なのは、年収アップを目的にしないことです。

それよりも「自分は何がしたいのか」をよく考えてみましょう。

自分がやりたいことをやって年収も上がる。もちろんこれがいちばん理想的ですが、残念ながら人生そんなに簡単にうまくはいきません。

やりたくないことをやって年収も下がる。逆にこれがいちばん避けたい状態です。

では、やりたくないことをやって年収を上げるか、年収が下がってでもやりたいことをやるか。これは人によって考えが異なるでしょう。

私は、たとえ年収が下がっても「自分がやりたいこと」を実現するのが、遠回りのように見えて、実は年収アップの最短ルートなのではないかと確信しています。

それは、仕事が楽しくなるからです。

かつての私がそうだったように「やりたくないこと」「嫌なこと」は長続きしません。たとえ一時的には年収が上がっても、継続的にそれを得ていくことは難しいでしょう。

私は師である小田全宏《おだぜんこう》先生からこんな話を聞いたことがあります。

「『楽』と『楽しい』は、正反対なんですよ」

「楽」と「楽しい」は、同じ「楽」という漢字で表しますが、その意味するところは真逆だというのです。

「楽」とは、苦労しないで簡単に何かを手に入れたい。努力をせずに何かを得たい。要は、かける時間を短くしたい＝「できるだけやりたくないこと」。

一方、「楽しい」は、手に入れるのは時間がかかるけれど、「ずっとやっていたいと思うこと」。没頭して何時間でも、やり続けていたいと思うこと。

その通りだと思いました。私はゴルフが好きで毎月のようにゴルフをしていますが、よいスコアを出すのは「楽」ではありません。必死に練習しても、なかなか思うように上手になりません。でも「楽しい」です。何時間やっていても飽きません。楽しいからこそ、練習も一生懸命して、少しずつでも上達しています。

仕事も一緒です。私が「楽しい」と感じるのは、苦労して頑張った仕事をやり遂げたときです。「楽」な仕事は簡単にできますが、「楽しく」はありません。たとえばマラソンや登山もそうでしょう。42・195キロを走ることや険しい山を登るのは絶対に「楽」ではないはずですが、だからこそ達成感が大きく、それが「楽しい」からこそ、多くの人が挑戦するのだと思います。

「年収基準」で必要とされるスキルをすべて習得するのも、決して「楽」ではありません。しかし「自分が本当にやりたいこと」であれば、自身の能力を伸ばすことも、必要な知識を得ることも「楽しく」感じられるはずです。

仕事に対して高いモチベーションを維持し続けるためには、「楽しい」が絶対に必要になります。それが成果につながれば、必然的に評価され、給与も上がり、人間関係もよくなります。

すると、ますます仕事が楽しくなってきて、より高いモチベーションを持つことができるのです。

こうした好循環をつくることが、結果的に年収アップの道につながることを、ぜひとも覚えておいてください。

「いつでも会社を辞められる」と思える本当の仕事力を身につけよう

目標は「どこに行っても通用する人材」

自分がやりたいことを実現する。これが年収アップの近道です。ただし、キャリアの初期段階では、「やりたくないこと」をやるのも重要なことです。

仕事の本質的なことを見極めるためには、まずはいろいろな壁にぶつかりながら、多くの物事を吸収する必要があります。石の上にも3年といいますが、最初の数年間で社会人としてどこでも通用する「基本的なビジネス行動」が身につけられるかどうか、それがその後のキャリア形成に大きく影響します。

親父の説教のようですが、補助・育成クラスや自己完遂クラスの間は「四の五のいわず、とにかくやる」「ガムシャラに仕事に取り組む」という経験をしておくことは非常に大事です。それが将来、自分が本当にやりたいことを実現するための基礎的な力になるということを覚えておいてください。

私の人事部長としての信条も「どこに行っても通用する人材を育てる」でした。**どこに行っても通用する人材が自社にいる。**これが会社にとって最も理想的な状態といっても過言ではないでしょう。

この本を書きたいと思ったのも、多くの人に「どこに行っても通用する人材」になっていただきたいと考えたからです。今、サラリーマンの年収が下がり、黒字リストラが増え、成果が徹底的に重視される時代が来ようとしています。

前述したように、長く続いた年功序列制度によって、日本のビジネスパーソンには実際の実力よりも高い年収をもらっている人が多くいます。

こうした人は今後、真っ先にリストラの対象になるでしょう。この時代に再就職することは困難ですし、たとえ再就職できたとしても、年収は下がり、それでもその会社で通用しないかもしれません。

しかし「年収基準」を知り、必要なコンピテンシーを獲得すれば、年収と実力のギャップを埋めることができます。

たとえ退職勧奨されても、他社でも通用する力があれば十分食べていけます。

私が転職して年収が３００万近く下がったときに感じたように、「自分の適正年収＝市場価値」を客観的に知ることは、今後ますます必要になってきます。

今いる場所がわからなければ、どこにも行くことはできません。自分の「現在位置」を正しく認識し、今後のキャリアビジョン・キャリアプランを描き直すことが、この激動の時代を生き抜いていくための重要なメソッドになるのです。

キャリアの初期段階の若い人はもちろん、定年を待つだけで仕事へのモチベーションを失ってしまっているシルバー社員の方々にも、もう一度、自分を見つめ直し、これからまだ長く続く人生を充実した時間にしていただきたいと、私は考えています。

何かを始めるのに遅すぎることはありません。人生１００年時代といわれている今、50歳の人でも、まだ人生の折り返し地点に来たばかりです。60歳の人でも、あと40年。70歳の人でも、あと30年も時間があります。

自分がやりたいことは何か。そのために必要なスキルは何か。「年収基準」は、そんな活用の仕方もしていただきたいと思っています。

会社を「辞める力」は最強の武器

「年収基準」を知り、必要なスキルを獲得すれば、「辞める力」を持つことができます。「こんな会社いつでも辞めてやる」と思えると、仕事がすごく楽になります。

そして、評価もされるようになります。

どの会社でも、優秀な人であればあるほど退職する可能性が高く、そうでない人ほど会社を辞めません。

この会社を辞めたら他に行くところがない、辞めたくない、だからしがみつくしかない。こういう状態では、本気で仕事することはできません。

いつも上司の顔色をうかがって、常にその言動に怯《おび》えながら仕事に取り組むことになってしまいます。こうした消極的な姿勢は、むしろ評価されず、年収も下がります。

どこに行っても通用する力＝「辞める力」を持てば、上司にも堂々と意見がいえるようになり、自分が信じる仕事、やるべきと思う仕事を主張できるようになります。

それで成果を出せば、評価は一気に跳ね上がり、年収もアップするものです。

もちろん「辞める力」を持ったからといって、それを振りかざしたりすると逆に評価は下がりますが、いざとなったら使える武器を持っていると強いものです。

本章で紹介した「年収基準」は一般的な年収と必要されるコンピテンシーを一覧にしたものですが、さらに詳しく、自分の市場価値を知る方法があります。

また次章では、「仕事の大きさ」によって想定年収をチェックすることができる指標を紹介します。セルフチェックで自分の想定年収を診断しましょう。

第3章

キーポイントは「ジョブサイズ」。セルフチェックで自分の年収を診断！

ジョブサイズとは何か？「28」の設定要素を知っておこう

「仕事の大きさ」を可視化しよう

前章では、一般的な指標となっている「年収基準」を見ていただきました。等級や職位などによる年収の違い、必要となるスキルや行動は、おおよそご理解いただけたと思います。ただ、年収は個々の力量によって当然異なります。

たとえば、同じ課長という職位であっても、希少価値の高い専門性を有していたら、年収はより高くなります。取引先の大きさや会社に与える影響力の大きさによっても、年収が大きく違ったりします。

部下の数によっても年収は異なりますが、部下が100人いるコールセンターの所長より、部下が5人の部長のほうが年収は高いこともあります。

それは会社の今後を左右する戦略を策定したり、責任を持つ範囲が将来に向けて広かったり、組織変革にたずさわるなど、より影響力の大きな仕事をしているからです。

部下の数、責任の重さ、発信力の範囲、交渉できる相手のレベル、人脈の広さ、育成している人材の数、何年先まで組織の将来を見据えているか……。

年収は、このようにさまざまな要素によって決まります。

こうした総合的な「仕事の大きさ」を可視化できるようにしたのが、本章で紹介する「ジョブサイズ」という指標です。この「ジョブサイズ」をチェックすることによって、あなたの想定年収が判断できます。

ビジネスの基本、スペシャリティ、コミュニケーション、ヒューマンマネジメント、タスクマネジメント、リーダーシップ、影響範囲——。

実際に人事評価の基準となっているカテゴリを網羅した「ジョブサイズ28の指標」

で、あなたの「仕事の大きさ」をチェックしてみましょう。

たとえば「品質維持・向上」という指標があります。商品・サービスの品質の維持・向上は、企業の命運を左右する大事なポイントです。

ビジネスパーソンは仕事の品質にこだわり、品質向上のための努力をし続けていくことが求められます。ミスや品質低下が起こらない仕組みをつくることも必要です。

ミスが起こらないように注意し、品質維持に信頼性のある業務を遂行していれば、ポイントは「2」。チームにおける品質維持を実行し、エラーの提言も行っていれば「3」。

チームにおける品質維持・向上の「施策」を実行していれば、ポイントは「4」になります。それが「課」レベルになると、さらに「5」に上がります。

あるいは、「交渉力」という指標があります。交渉力とは、相手の要望とこちらのメリット・デメリットを勘案し、双方がWin-Winになるように、またこちらに不利な契約などをしないようにするコミュニケーションスキルのことをいいます。

取引先や他部門・他部署など利害関係が異なる相手との交渉と説得ができればポイントは「5」。経営者や役員、他部門のトップなど、事業の命運を左右する重要な相手との交渉と説得ができれば、ポイントは「6」に上がります。

さらに、大手の取引先やスポンサーなど、会社の命運を左右する重要な相手との交渉と説得ができれば、ポイントは「7」。

アライアンス（企業提携）やM＆A（吸収合併）など会社の将来に影響するタフな相手との会社同士の重要な交渉と説得ができれば「8」です。

「影響人数」という指標では、責任を持つ人員数によってポイントが決まります。

影響人数とは、配置・任命権限・評価・育成・管理の権限と責任を持つ人員数を指します。責任を持つ人員が多いほど、影響力が大きく、責任も重くなるのでポイントが上がります。

このように各指標をひとつずつチェックして、自身の仕事の大きさ、レベル、社内における位置づけなどを確認してみてください。

年収の大きさは、「仕事の大きさ」に比例します。各項目における自分のレベルをチェックし、総合ポイントを集計すると、あなたの「ジョブサイズ」がわかります。そして、ジョブサイズによる「想定年収」が導き出せます。

たとえば、同じマーケティングというスキルでも、それが「課レベル」なのか「部レベル」なのか、あるいは「全社レベル」なのか、見ている範囲によって市場価値は異なります。

大きな会社で自分の課しか見ていない課長より、小さな会社で全社レベルのマーケティングを行っているチーフクラスのほうが想定年収は高いかもしれません。

今の会社で実際にもらっている年収とは異なるかもしれませんが、それがあなたの市場価値です。あなたをもっと高く買ってくれる会社があるかもしれません。

会社は社員のどこを見ているのか？

ジョブサイズが大きくなればなるほど、あなたの市場価値は高まります。社内で認められ、評価され、年収も上がり、転職市場での価値にもなります。

「ジョブサイズ28の指標」は、企業人事で「誰に仕事を任せるのか」「どんな処遇にするるか」を考える際、実際に重視されているものです。誰をどこに配置するかを決める「人員計画」と呼ばれるプロセスでは、特にクローズアップされます。

人員計画では具体的にメンバーの名前を出して、誰がその仕事をできるのか、能力的に足りるのかなど、かなり細かく見ていきます。

「管理人数ってどれくらいかな」「任せた目標を達成してくれるよね」と、さまざまな指標をもとに多角的に検証し、ポストや処遇を決めていくのです。

こうした指標を知っておくと、「会社は社員のどこを見ているのか」が理解できるようになり、年収アップの具体的な方法が見えてきます。

転職においても、自分の市場価値を客観的に認識している人は高く評価されます。

この指標は、実際に多くの企業で導入・運用されている「B-CAV45：Business Core Action Value45」のコンピテンシーモデルに準拠しています（詳しくは「人事の超プロが明かす評価基準」三笠書房参照）。

ここで導き出された年収はあくまで目安ですが、一般的なモデル年収と考えていただいて構いません。

自身の仕事の大きさを「見える化」しておくことは、今後のキャリアビジョン・キャリアプランを考えていくうえでも、非常に重要です。

ジョブサイズは、スキルアップをしたり、昇進すれば、どんどん大きくなっていきます。

成長ステップの指標としても活用でき、自身の価値が高まっていくことが可視化できます。自分は今、どんな大きさの仕事をしているのか、どんなレベルなのか、どの程度の市場価値があるのか、ぜひチェックしてみてください。

ジョブサイズ28の指標とセルフチェックの方法

※ジョブサイズ・チェック表の見方

■カテゴリ

ビジネスにおける不可欠な要素を分類しています。エネルギー、ビジネスの基本、スペシャリティ、コミュニケーション、意思決定、ヒューマンマネジメント、タスクマネジメント、リーダーシップ、影響範囲、理念浸透といった10のカテゴリに分かれています。

■CHECK

右隣にある「あなたのジョブレベルは？」の中から該当する項目にチェックを入れ

てください。該当する項目がなければ、無印のまま進んでください。

■あなたのジョブレベルは？

各指標における「仕事の大きさ」のレベルを一覧にしています。表の上位にあるものほど難易度が高くなっています。項目によっては目安として【社長・上級役員レベル】【課長レベル】等と記していますが、「自身の業務のレベル」に合致する項目にチェックを入れてください。

■POINT

各項目におけるジョブサイズのポイントです。28項目のポイントを合計した総合ポイントによって、あなたのジョブサイズと想定年収を導き出します。

■このジョブレベルのポイント

ジョブレベルのポイントを記入。該当する項目がない場合は、ポイントは「0」です。ポイントは「1」ポイントから「8」ポイントまであり、ポイントが高いほど、仕事の大きさ、影響力が大きくなっていきます（さらに影響の大きい加点ポイントもあります）。

■ここまでのジョブポイントの合計

このページにおけるポイントを加算して合計ポイントを記入していきましょう。

では次ページから、あなたの「ジョブサイズ」のチェックを始めてみてください。あなたの仕事を可視化することができます。

※尚、このジョブサイズは会社・組織で働いていることを想定していますが、フリーランス・独立事業主であっても「仕事の大きさ」「影響力の大きさ」により収入は決まっていきますので、ご自身の周囲への影響力や仕事の大きさに置き換えて考えてみていただくのもよいでしょう。

ジョブサイズ指標 01　カテゴリ：エネルギー

エネルギー

逆境や困難があっても、負けずに仕事に取り組む力があるか

ビジネスパーソンには「エネルギー」が必要です。集中力を維持し、必要なときに熱心に仕事に取り組むことができるか。逆境や困難があっても、負けずに仕事に取り組む力があるか。ストレスがあっても、安定したアウトプットができるか。タフさや継続力を発揮して、最悪の状況でも乗り切るためには、十分なエネルギーが必要です。ビジネスには、必ずストレスがかかります。ストレスのかかる環境が大きく、それにうまく付き合うことも能力であり、ストレス環境が大きいほどジョブサイズが高くなります。

CHECK	あなたのジョブレベルは？	POINT
□	【部長レベル】 ・人がやりたがらない極限的なストレス環境においても的確な行動をする ・プライベートも含め、活動エネルギーが豊富である・プレッシャーに強く、批判やクレームにも落ち着いて対処する	6
□	【課長レベル】 ・大きなストレス環境に遭遇しても、冷静さを維持する ・周囲への目配りを怠らず、的確な状況判断を示す ・パニックにあっても動じず、周囲を落ち着かせる	5
□	【プロジェクトマネージャー・主任レベル】 ・周囲から見ても高いストレス環境にあっても自分を見失わない ・他者の気持ちを推し量り、周囲の異変に気づき、対応できる	4
□	【チーフレベル】 ・自身のストレスの兆候に気づき、適切に対処する ・逆境や障害があっても、立ち向かって乗り越える ・プレッシャーとうまく付き合いながら成果を出す	3
□	【メンバーレベル】 ・ストレスがあっても、常に安定したアウトプットをする ・緊張感の強い場面でもパニックに陥らない ・困難な課題にぶつかっても、乗り越えるための努力をする	2
□	【新人レベル】 ・やると決めたことは、最後まで取り組み続ける ・単調なことでもコツコツ取り組む ・熱意を示し、頑張り続けることができ、勤怠に信頼性がある	1
TOTAL	このジョブレベルのポイント □　ここまでのジョブポイントの合計	□

ジョブサイズ指標02　カテゴリ：ビジネス基礎

ビジネス基礎

ビジネスパートナーとして信用を得る基礎を身につけているか

誠実な対応（嘘をつかない、謙虚にふるまう、人にストレスを与えない）、ルール遵守（約束・期限・時間を守る、不正をしない）、マナー意識（相手を不快にさせない身だしなみ、清潔感があり、明るく好印象を与える）といったことは、ビジネスパートナーとして信頼を得る第一歩です。これらのビジネス基礎は必須要素であり、どんなポジションにおいてもジョブレベルは「3」が求められます。周囲に不快感や不信感を与えるハラスメントの行為者は「0」ポイント、あるいはマイナスとなります。

CHECK	あなたのジョブレベルは？	POINT
□	・以下の3つのビジネス基礎において模範的な行動と指導ができる **【誠実な対応】** ・周囲の人々に対して礼節をわきまえて、謙虚にふるまう ・ミスをしたらきちんと謝り、行動を改める ・他者への配慮を忘れず、感謝をする。お礼を言う ・尊大な態度を取らず、人に対してストレスや不快感を与えない **【ルール遵守】** ・約束・期限・時間を守り、信頼されている ・ルールや規則を守る。不正をしない。させない ・引き受けた仕事は最後までやり抜く ・ルール違反を見逃すのではなく、自ら改善策を提案する **【マナー意識】** ・社会人としてのマナーを身につけ、実践している ・清潔感があり、明るく、好印象を与える ・笑顔を絶やさず、安心感を与える ・敬語・謙譲語を適切に使っている	3
□	・上記のビジネス基礎を実行している ・ビジネス基礎を発揮し、周囲から信頼されている	2
□	・上記のビジネス基礎の獲得に取り組んでいる ・挨拶・受け答え・電話応対等の基本的なスキルを獲得している	1
TOTAL	このジョブレベルのポイント □　ここまでのジョブポイントの合計 □	

ジョブサイズ指標 03　カテゴリ：ビジネス基礎

主体性

自ら提案し、確認し、行動しているか

主体性は、ビジネスパーソンにとって非常に重要なものです。キャリアの初期段階から求められ、自己完遂クラス以上では必須行動となります。指示を待たずに自ら考え、上司や周囲の確認をとって動く、誰かがやらなければならないことを進んで引き受ける。これらは、組織で評価される大事なポイントです。ただし、暴走はNG。動いていいかどうかの状況判断の適切さも必要です。主体性は基本的なビジネス姿勢のため、ポイントはMAX「3」。すべてのビジネスパーソンが「3」であることが求められます。

CHECK	あなたのジョブレベルは？	POINT
□	【主体的に行動し、周囲を動かすことができる】 ・組織やチームのイニシアティブをとって集団の先頭を切って率先した行動を取る ・今何が必要かを常に考え、どこをどうすべきか自ら判断し、やるべきだと思ったことを自分の考えで実行する ・人が嫌がる仕事や担当外の業務であっても避けることなく、自ら率先して積極的に引き受ける ・能動的に動き、周囲の手本となるような行動をする ・機会をとらえ「チャンスだ！」と思ったときにためらわず実行し、チームとしての動きをつくる	3
□	【主体的な行動ができる】 ・上司や周囲に「どうしましょう？」とただ尋ねるのではなく、自ら考え、能動的に動く ・指示を待たずに「こうしたいのですが、いいですか？」と提案し、上司や周囲の確認を取り、率先して動く ・人が嫌がる仕事や担当外の業務であっても避けない ・機会をとらえ「チャンスだ！」と思ったときに行動する	2
TOTAL	このジョブレベルのポイント □　ここまでのジョブポイントの合計 □	

ジョブサイズ指標 04　カテゴリ：ビジネス基礎

能力開発

常に成長意欲や学習意欲を持ち、進化し続けることができるか

成長意欲や学習意欲を持っていることは、ビジネスパーソンに常に必要とされる基本的な姿勢です。自身のキャリアにおける目標を明確に持ち、そこに向かって自らの能力を伸ばそうと努力しなければ、昇進・昇格はもちろん、ビジネスの変化や成長にもついていけません。能力向上の姿勢はどのようなポジションになっても重要ですが、ビジネスパーソンとしては「あたりまえのこと」ですから、ポイントはMAX「3」。社長でも役員でも本部長でも、業務外も含んだ幅広い能力向上・学習活動が求められます。

CHECK	あなたのジョブレベルは？	POINT
□	**【業務外も含んだ幅広い能力向上・学習活動をしている】** ・自身の明確なキャリア上の目標を持っている ・その目標に向かって自身の能力を伸ばそうと努力している ・業務外のことに対しても好奇心を持ち、自ら能動的に学習し、能力を高めるために経験値の蓄積への努力を怠らない ・新聞、専門書、先達等などから幅広い学びや知見を得ている	3
□	**【業務に関連する能力向上・学習活動をしている】** ・自身の明確なキャリア上の目標を持っている ・その目標に向かって自身の能力を伸ばそうと努力している ・業務に関連することへの好奇心を持ち、自ら能動的に学習し、能力を高めるために経験値の蓄積への努力を怠らない	2
□	**【ビジネスパーソンとしての能力向上に努めている】** ・自身の明確なキャリア上の目標を持っている ・現状に満足せず、自身の能力を高めるための学習をしている ・常に他者からのアドバイスを求めている ・ビジネスパーソンとしての基礎を学び、成長している	1
TOTAL	このジョブレベルのポイント □　ここまでのジョブポイントの合計 □	

ジョブサイズ指標 05　カテゴリ：スペシャリティ

専門性

専門知識は持っているか、他者よりその分野に長けているか

専門性とは、他者より特定分野において長けていることを言います。ビジネスでは、必要な専門知識や技術を有し、実際の業務にそれを活かすことが重要です。自らの専門性をブラッシュアップし、自身の専門性が陳腐化しないように常に努力する必要があります。この指標では、その専門性において、どれだけの組織的な影響力・社会的な影響力を発揮し得るかによってポイントが設定されています。ひとつの分野だけでなく、複数の専門性や経験があるほど大きな影響力をもつため、ジョブサイズが大きくなります。

CHECK	あなたのジョブレベルは？	POINT
□	・業界や社会の永続的発展につながる、幅広く、かつ深い組織経営上の経験と知識・スキルを持っている ・自身の専門性によって業界や社会に大きな影響力を発揮している	8
□	・事業や組織の中長期的な成長につながる、幅広い組織運営上の経験を持っている ・または幅広い専門領域内最高レベルの専門性を有している ・自身の専門性によって事業や組織に大きな影響力を発揮している	7
□	・複数の機能・領域にまたがる組織運営経験を持っている ・または複数の専門領域における熟達した専門性を有している ・応用がきく専門性を有し、問題を解決する	6
□	・経営・管理知識と組織運営経験を持っている ・または特定の専門領域における高い専門性を有している ・特定分野の専門家として周囲から認識され仕事に活かしている	5
□	・一分野に関する必要な知見や経験を持っている ・またはいくつかの関連する分野に関する十分な知見がある ・専門外の人にも専門的なことをわかりやすく説明できる	4
□	・社内暗黙知や業務改善に必要なリテラシーを持っている ・自分の専門性を高めるために必要な知識やスキルを学んでいる ・自分の専門性を将来どのように活用できるか目標を設定している	3
□	・社内ルールや基本的な業務遂行に必要な基礎知識を持っている ・自身の専門領域を定め、将来活かすことを目標にし、必要な知識やスキルを獲得する計画を立てている	2
TOTAL	このジョブレベルのポイント □　ここまでのジョブポイントの合計 □	

ジョブサイズ指標 06　カテゴリ：スペシャリティ

希少価値のある専門性

希少性が高ければ、市場価値も高まる

希少性の高い専門的な知識やスキルを持っていると、ビジネスパーソンとしての市場価値は何倍にも膨らみます。社内で希少価値のある専門性があると組織内での影響力が大きくなり、社会的に希少性が高い専門性があると、その分野において余人をもって代えがたい存在と認識されます。講演活動や論文発表、著作の出版などを行い、社会的な大きな影響を発揮することができます。同等の専門性を有している人物が他におらず、その分野の第一人者として認知されると、ジョブサイズは極めて高い数値となります。

CHECK	あなたのジョブレベルは？	希少倍数	POINT
□	・社会的に極めて希少価値の高い専門性を有している ・その分野の第一人者として認知されている ・その専門分野において、外部で講演を行ったり論文を発表したり、著作を複数出版したりしている ・採用における確保は考えられない	8×7	56
□	・社会的に希少価値の高い専門性を有している ・その専門分野において、外部で講演を行ったり論文を発表したり、著作を出版したりしている ・同等の専門性を有している人材が複数、他にいる ・採用は困難	7×6	42
□	・社内的に希少価値の高い専門性を有している ・他社には同等の専門性を有している人材がいるが、自社内では極めて貴重である ・採用難易度は極めて高い	6×5	30
□	・社内的に希少価値の高い専門性を有している ・自社内に同等の専門性を有している人材が複数いるが、採用難易度は高い。	5×4	20
TOTAL	このジョブレベルのポイント □　ここまでのジョブポイントの合計 □		

※ここは、変数を大きく設定した項目です。その希少価値により、収入に大きな影響を及ぼします。その希少性を有していると判断する時のみ、加点してください。自身の専門性の希少価値を客観的に判定してください。

ジョブサイズ指標 07　カテゴリ：スペシャリティ

利益貢献

どれくらい会社の利益に貢献できているか

利益貢献とは、利益向上のための取り組みを仕掛け、実績を出すことです。計数知識に加え「どうすればより利益が高まるか」といったマーケティングや品質に関する知識を含め「どれだけの商品・サービスなら、どのくらいの利益があがるのか」を予見することも重要です。部の利益向上、本部の利益向上、全社的な利益向上などと、対象となる規模が大きくなればなるほどジョブサイズは大きくなります。経営数値向上のための事業創造に関する知識を有し、全社の利益向上に貢献をしていると数値は最大になります。

CHECK	あなたのジョブレベルは？	POINT
□	【事業創造レベル】 ・経営数値の向上のための事業創造に関する知識を有している ・経営数値を把握し、利益向上の知識を有している ・これらの数値や知識に基づいて全社の利益向上に常に貢献している	8
□	【全社レベル】 ・全社的な利益貢献のための計数知識を有している ・経営数値を把握し、利益向上の知識を有し、全体的な実績を上げている	7
□	【本部レベル】 ・本部の利益貢献のための計数知識を有している ・経営数値を把握し、利益向上の知識を有し、本部業績に影響を与える実績を上げている	6
□	【部レベル】 ・部の利益貢献のための計数知識を有している ・経営数値を把握し、利益向上の知識を有し、部の業績に影響を与える実績を上げている	5
□	【BS・PL に関する知識】 ・貸借対照表（BS：Balance Sheet）に関する知識を有している ・損益計算書（PL：Profit and Loss statement）の知識を有している ・自社の売上構成・利益構造を理解し、有用な提案をしている	4
□	【PL に関する知識】 ・損益計算書（PL：Profit and Loss statement）の知識を有している ・売上・原価・経費を把握している	3
TOTAL	このジョブレベルのポイント □　ここまでのジョブポイントの合計	□

ジョブサイズ指標 08　カテゴリ：スペシャリティ

マーケティングスキル・知識

マーケット・景気変動・市場の変化を見る力はあるか

顧客が真に求める商品やサービスを作り、その情報を届け、顧客がその価値を効果的に得ることができるか。顧客獲得を第一歩として、顧客からの信頼・関係の維持・向上、基本的なマーケティング知識の有無、課の運営・営業のためのマーケティングスキル・知識、部レベル、本部レベルと影響範囲の大きさによってジョブサイズが大きくなっていきます。マーケットを見る力・景気変動や市場の変化を予見し、全社に影響を与えるほどのマーケティングスキル・知識を有しているとポイントは MAX になります。

CHECK	あなたのジョブレベルは？	POINT
□	【全社レベル】 ・全社的で広範なマーケティング知識・スキルを有している ・マーケットを見る力があり、景気変動や市場の変化を予見し、マーケットにインパクトを与える商品やサービスの提供を実行している	8
□	【本部レベル】 ・本部運営に関するマーケティング知識・スキルを有している ・マーケットにインパクトを与える商品やサービスの提供を実行している	7
□	【部レベル】 ・部の事業分野に関するマーケティング知識・スキルを有している ・顧客を獲得し満足度を向上させる商品やサービスの提供を実行している	6
□	【課レベル】 ・課の運営に関するマーケティング知識・スキルを有している ・顧客が満足を覚える商品やサービスの提供を実行している	5
□	【個人レベル】 ・基本的なマーケティング知識を有している ・顧客が満足を覚える商品やサービスの提供を実行している	4
□	【顧客との信頼関係の維持・向上】 ・顧客を獲得し、信頼関係の維持・向上に努めている ・適切なアフターフォローを行い、紹介やリピートを獲得している	3
□	【顧客獲得】 ・顧客を獲得することができる ・自社の商品やサービス、顧客のニーズを理解している	2
TOTAL	このジョブレベルのポイント □　ここまでのジョブポイントの合計 □	

ジョブサイズ指標 09　カテゴリ：スペシャリティ

品質維持・向上

仕事の品質にこだわり、品質向上のために努力を行っているか

商品・サービスの品質の維持・向上は、企業の命運を左右します。ビジネスパーソンは仕事の品質にこだわり、品質向上のための努力をし続けていくことが求められます。ミスや品質低下が起こらない仕組みをつくることも必要です。個人レベルから、チーム、課、部、本部、全社まで品質水準の維持や向上を担う影響範囲の大きさでジョブサイズが変化します。課長クラス以上は、ポイント「5」以上が想定されています。このレベルでは品質の「維持」だけではなく、「向上」を実際に実現しなくてはいけません。

CHECK	あなたのジョブレベルは？	POINT
□	【全社レベル】 ・全社における品質維持・水準向上の施策を実行している ・品質向上を実現し、その実績も有している	8
□	【本部レベル】 ・本部内における品質維持・向上の施策を実行している ・品質向上を実現し、その実績も有している	7
□	【部レベル】 ・部 (10 ～ 30 人規模) における品質維持・向上の施策を実行している ・品質向上を実現し、その実績も有している	6
□	【課レベル】 ・課 (5 ～ 10 人規模) における品質維持・向上の施策を実行している ・品質向上を実現し、その実績も有している	5
□	【チームレベル】 ・チームにおける品質維持・向上の施策を実行している ・品質維持を実現し、その実績も有している ・ミスが起こらない仕組みをつくり、常にチェックを怠らない	4
□	【チームレベル】 ・チームにおける品質維持を実行している ・品質維持を実現し、エラー改善の提言も行っている ・ミスが起こらない仕組みをつくり、常にチェックを怠らない	3
□	【個人レベル】 ・品質維持に信頼性のある業務を遂行している ・ミスが起こらないように注意し、常にチェックを怠らない	2
TOTAL	このジョブレベルのポイント □　ここまでのジョブポイントの合計 □	

ジョブサイズ指標 10　カテゴリ：コミュニケーション

発信力

報連相からプレゼン、社会的発言まで、自身の発信範囲は？

発信力とは、ビジネスパーソンにとって極めて重要なコミュニケーションスキルのひとつです。簡潔に要点をついて「報告・連絡・相談」を行うことを「1」とし、それに信頼性があり適切であれば「2」です。「3」は、これに図解化能力が加わり、わかりやすい企画書・提案書を作成することが求められます。「4」以上はプレゼンの影響範囲によってジョブサイズが大きくなり、社会的発信・社外の説得といった大きな影響力を発揮できるようになると「8」となり、ポイントはMAXになります。

CHECK	あなたのジョブレベルは？	POINT
□	【社会レベル】 ・適切で影響力のある社会的発信・社内外の説得を行っている	8
□	【全社レベル】 ・適切で影響力のある全社発信・メンバーの説得を行っている	7
□	【本部レベル】 ・適切な本部内への発信・メンバーの説得を行っている	6
□	【部レベル】 ・適切な部内への発信・メンバーの説得を行なっている	5
□	【課長・チーフレベル】 ・大口顧客・重要場面における企画書・提案書を活用しながら有効なプレゼンテーションを行っている	4
□	【チーフ・メンバーレベル】 ・企画提案を実施している ・図解化した企画書・提案書の作成・提案を行っている	3
□	【メンバーレベル】 ・適切な報告・連絡・相談をしている ・企画書・提案書を作成している	2
□	【新人レベル】 ・報告・連絡・相談を行っている ・わかりやすい言葉で簡潔に話し、読みやすい的確な文章を作る	1
TOTAL	このジョブレベルのポイント □　ここまでのジョブポイントの合計 □	

ジョブサイズ指標 11　カテゴリ：コミュニケーション

交渉力

双方の Win-Win を示し、合意形成できるか

交渉力とは、受信力と発信力を兼ね備え、相手の要望とこちらのメリット・デメリットを勘案し、双方が Win-Win になるように、またこちらに不利な契約などをしないようにするコミュニケーションスキルのことです。この指標は交渉の重要度によってジョブサイズが変化します。交渉力は高度なコミュニケーショスキルを必要とするため、利害関係が異なる相手との基本的な交渉でもポイントは「5」。会社同士のアライアンス交渉など、会社の将来に影響する極めて重要な相手との交渉・説得は「8」になります。

CHECK	あなたのジョブレベルは？	POINT
□	【企業提携・吸収合併レベル】 ・アライアンス（企業提携）や M&A（吸収合併）など会社の将来に影響するタフな相手との会社同士の重要な交渉と説得を行う ・双方の Win-Win を示し、合意形成を実現する ・また、それによって同意を得て、説得に成功した実績がある	8
□	【対大手レベル】 ・重要な取引先やスポンサーなど、会社の命運を左右する重要な相手との交渉と説得を行う ・双方の Win-Win を示し、合意形成を実現する ・また、それによって同意を得て、説得に成功した実績がある	7
□	【対社内トップレベル】 ・経営者や役員、他部門のトップなど、事業の命運を左右する重要な相手との交渉と説得を行う ・双方の Win-Win を示し、合意形成を実現する ・また、それによって同意を得て、説得に成功した実績がある	6
□	【対取引先・他部門レベル】 ・取引先や他部門・他部署など利害関係が異なる相手との交渉と説得を行う ・双方の Win-Win を示し、合意形成を実現する ・相手の不安を払拭し、双方のニーズを捉えた的確な提案をする ・また、それによって合意・同意を得た実績がある	5
TOTAL	このジョブレベルのポイント □　ここまでのジョブポイントの合計 □	

ジョブサイズ指標 12　カテゴリ：コミュニケーション

人脈力

社内外の人的ネットワークを構築し、活用することができるか

人脈力とは、社内外の人的ネットワークを構築し、活用することです。企画を通すために根回し、理解を得て、実現への組織合意を形成したり、多面的な分野の人材とのネットワークを持ち、協力・協業したり、多彩な人脈から新しいビジネスの可能性を探ったりしていきます。社内外に「協力してくれる人脈」を形成していくことは、ビジネスにおいて大きな強みとなります。多くの人脈を築くには、相手のメリットとなる情報を提供したり、人と人をつなぐ場を設けたりするなど、信頼を得る努力が不可欠です。

CHECK	あなたのジョブレベルは？	POINT
□	**【業界内外の広範な社会的ネットワーク】** ・業界内外に強固で広範な社会的ネットワークを持っている ・社内外のキーパーソン（決定に影響力を持つ人）や各分野の専門家と人脈を持ち、新規ビジネスの可能性を探っている ・社外の人的ネットワークを築き、多くの人と人をつないでいる	8
□	**【関連業界との社外ネットワーク】** ・関連する業界に関する社外ネットワークを持っている。 ・社内外のキーパーソンや関連業界の専門家と人脈を持ち、根回しや企画実現の組織合意を得やすくしている ・社外の人的ネットワークを築き、多くの人と人をつないでいる	7
□	**【社内外のトップクラスとのネットワーク】** ・社内の経営陣・社外の部長クラス以上の人物など、社内外の一定以上の役職者との人的ネットワークを持っている ・社内外のキーパーソンとのネットワークを活用して、案件を通す際の根回しや企画実現の組織合意を得やすくしている ・社内外の人的ネットワークを築き、多くの人と人をつないでいる	6
□	**【社内他部門とのネットワーク】** ・社内において他部門との有機的な人的ネットワークを持っている ・「ここだけの話」という情報を得ている ・社内の人的ネットワークを築き、案件を通す際の根回しや企画実現の組織合意を得やすくしている	5
TOTAL	このジョブレベルのポイント □　ここまでのジョブポイントの合計 □	

ジョブサイズ指標13　カテゴリ：コミュニケーション

受信力

相手が「理解されている」と実感できるまで話を聞いているか

ビジネスコミュニケーションにおける「受信力」とは、相手が「わかってもらえた」と実感するまで話を聞けることです。他者の気持ちを推し量り、気にかけ、尊重する「共感力」、周囲と協調し業務を円滑に遂行する「チームワーク（協調性）」、相手が「受け止めてくれた」と思うまで話を聞く「傾聴力」が含まれます。自分の価値観を一方的に押しつけず、相手を肯定して受け入れ、さまざまな意見を受容し理解することは、課長クラス以上のマネージャーには必須とされるヒューマンマネジメントのひとつです。

CHECK	あなたのジョブレベルは？	POINT
□	**【社長・上級役員レベル】** ・社員それぞれのことを理解する仕組みをつくり、運営し、会社全体に安心感を与えている ・さまざまな価値観の意見を受容し、理解している	8
□	**【役員・本部長レベル】** ・多数のメンバーの意見を集約し、本部全体に安心感を与えている ・全体を見回し、話を聞くべき相手を見つけ、傾聴している	7
□	**【部長レベル】** ・複数のチームメンバーの考え・意見を積極的に傾聴している ・その運営を円滑に行い、部門全体に安心感を与えている	6
□	**【課長レベル】** ・チームメンバーの考え・意見を傾聴している ・チーム運営を円滑に行い、チーム全体に安心感を与えている	5
□	**【プロジェクトリーダー・主任レベル】** ・チームメンバーおよび協業者からの意見を集約・上申している ・相手から本音を引き出し、本質的なコミュニケーションを行う	4
□	**【チーフレベル】** ・顧客・上司・後輩の考え・想いを聞き、理解している	3
□	**【メンバーレベル】** ・円滑な人間関係を構築し、安定的な業務遂行をしている	2
□	**【新人レベル】** ・共感と協調による業務遂行をしている	1
TOTAL	このジョブレベルのポイント □　ここまでのジョブポイントの合計 □	

ジョブサイズ指標 14　カテゴリ：意思決定

問題分析・解決策の提言

問題に対する適切な複数の解決案を導き出せるか

問題分析とは、抜けや漏れのない視点で情報を分析し、ロジカルに問題の本質を見極めることです。ロジカルシンキング（論理的思考）のフレームを用いるなどして「本当にそうなのか？」「それだけなのか？」という疑問に明確な答えを出します。解決策の提言とは、適切な問題分析のうえに、複数の解決案を示し、それぞれのメリット・デメリットを明示し、ベターな案を提言することです。多くの情報によって練られ、合理性と論理に基づいた選択肢を案出し、その提言が組織から信頼されることが求められます。

CHECK	あなたのジョブレベルは？	POINT
□	【全社レベル】 ・経営にとって重要な極めて高度な状況判断をしている ・ロジカルな問題分析に基づく複数の解決案を検討し、適格な判断をする	8
□	【経営レベル】 ・100 人以上の組織に影響を与える経営層への提言を行う ・ロジカルな問題分析に基づく複数の解決案を明示し、経営の決断を促す	7
□	【本部レベル】 ・本部級（30 ～ 100 人の組織）に影響を与える本部への提言を行う ・ロジカルな問題分析に基づく複数の解決案を明示する	6
□	【部門レベル】 ・部門級（30 人程度の組織）に影響を与える提言を行う ・多角的な情報収集とロジカルな問題分析による根拠を明示する	5
□	【課レベル】 ・課級（10 人程度の組織）に影響を与える提言を行う ・多角的な情報収集とロジカルな問題分析による根拠を明示する	4
□	【メンバーレベル】 ・多角的に情報を収集し、情報の正確さを検証している ・いろいろな人の意見を聞き、客観的に事実を捉えている	3
□	【新人レベル】 ・多面的に情報を整理し、上司に伝えている ・必要な情報と不要な情報を区別している	2
TOTAL	このジョブレベルのポイント □　ここまでのジョブポイントの合計	□

ジョブサイズ指標 15　カテゴリ：意思決定

決断

他の選択肢をすべて捨て、すべての責任を負う覚悟はあるか

リーダーの役割は、重要な決断を下し、次の行動を指示することです。決断とは、他の選択肢を捨てることを意味し、それによって発生する責任を負う覚悟が求められます。組織決断は重いものです。タイミングよく決断し、明確な指示を組織に伝えなければなりません。仮に材料が揃っていなくても、しかるべきタイミングで決断しなければならず、その決断で生じた最悪の事態に対処する決意の有無が問われます。だからこそ、ひとつの決断をする際は、複数の選択肢を徹底的に検証することが必要になります。

CHECK	あなたのジョブレベルは？	POINT
□	【全社レベル】 ・全社的（100 人以上の組織）に影響を与える決断を実行している ・適切なタイミングで決断し、他の選択肢を明確に捨てている ・決断するための選択肢を徹底的に検証し根拠ある判断をしている ・仮に材料が揃っていなくても、然るべきタイミングで決断する ・その決断に際して、全責任を負う覚悟がある ・その決断によって生じる最悪の事態に対処する決意がある	8
□	【本部レベル】 ・本部級（30 ～ 100 人の組織）に影響を与える決断を実行している ・適切なタイミングで決断し、他の選択肢を明確に捨てている ・決断するための選択肢を徹底的に検証し根拠ある判断をしている ・仮に材料が揃っていなくても、然るべきタイミングで決断する ・その決断に際して、全責任を負う覚悟がある ・その決断によって生じる最悪の事態に対処する決意がある	7
□	【部門レベル】 ・部級（30 人程度の組織）に影響を与える決断を実行している ・適切なタイミングで決断し、他の選択肢を明確に捨てている ・決断するための選択肢を徹底的に検証し根拠ある判断をしている ・仮に材料が揃っていなくても、然るべきタイミングで決断する ・その決断に際して、責任を負う覚悟がある ・その決断によって生じる最悪の事態に対処する決意がある	6
TOTAL	このジョブレベルのポイント □　ここまでのジョブポイントの合計 □	

ジョブサイズ指標 16　カテゴリ：ヒューマンマネジメント

動機づけ・チーム活性化

チームをやる気にさせる技量はあるか

動機づけ・チーム活性化とは、周囲のメンバーに仕事の目的や意味を伝え、モチベーションを高め、チームを活性化する役割を担うことを言います。目標達成のために情熱をもってやる気を高める働きかけをし、個々の言動にも注意を払い、モチベーションが下がっているメンバーに声をかけ、悩みの相談に乗るなど、周囲への積極的なアプローチが求められます。部長以上においてもこの働きかけは重要ですが、管理職はできて当然のヒューマンマネジメントスキルであるため、ポイントはMAX「4」となります。

CHECK	あなたのジョブレベルは？	POINT
□	**【組織やチーム全体の動機づけ・活性化施策の実行】** ・組織やチームのメンバー全員に仕事の目的・意味を伝え、チームが活性化する施策を実行している ・なぜそれをするのか、すべきなのか、行ったらどうなるのかを具体的に示し、各自が納得して目標を目指す雰囲気を作っている ・情熱をもって働きかけ、メンバーのやる気を高めている ・やる気が落ちている人がいたら適宜フォローしている ・やる気が落ちた原因も探り、それを取り除く努力をしている	4
□	**【チームメンバーや後輩の動機づけ】** ・チームメンバーや後輩に仕事の目的・意味を伝えている ・なぜそれをするのか、すべきなのか、行ったらどうなるのかを具体的に示し、各自が納得して目標を目指す雰囲気を作っている ・情熱をもって働きかけ、メンバーのやる気を高めている ・周囲のメンバーを気遣い、励ましている ・やる気が落ちている人がいたら適宜フォローしている ・やる気が落ちた原因も探り、それを取り除く努力をしている	3
□	**【チームメンバーの活性化】** ・周囲のメンバーを気遣い、励まし、チームを活性化している ・後輩や新人の悩みの相談に乗っている ・やる気が落ちている人がいたら適宜フォローしている ・やる気が落ちた原因も探り、それを取り除く努力をしている	2
TOTAL	このジョブレベルのポイント □　ここまでのジョブポイントの合計 □	

ジョブサイズ指標 17　カテゴリ：ヒューマンマネジメント

人材育成

部下のキャリアビジョンを把握し、能力開発支援をしているか

人材育成とは、メンバーのキャリアビジョンやライフビジョンを把握し、各々の能力開発を支援することです。マネージャーには「人材育成責任」「人材育成計画」という2つの責任があります。「人材育成責任」とは、個別の人材を育てる責任であり、「人材育成計画」とは、人材育成のための組織的な計画を立案し、実行し、多くの人材を育てなくてはならない責任を指します。ポイント「5」以上は、評価者を想定しています。評価者は、人材責任を負っているからこそ、メンバーを適切に評価することも重要です。

CHECK	あなたのジョブレベルは？ 人材育成責任	人材育成計画	POINT
□	【経営人材育成責任】 ・経営人材を育成している ・適切に人事評価を行い個別の目標設定を促し、課題を明らかにしている	【全社人材育成計画】 ・全社の人材育成計画を立案し実行している	8
□	【部長人材育成責任】 ・部長級の人材を育成している ・適切に人事評価を行い個別の目標設定を促し、課題を明らかにしている	【本部人材育成計画】 ・本部全体の人材育成計画を立案し実行している	7
□	【課長人材育成責任】 ・課長級の人材を育成している ・適切に人事評価を行い個別の目標設定を促し、課題を明らかにしている	【部内人材育成計画】 ・部門全体の人材育成計画を立案し実行している	6
□	【メンバー育成責任】 ・メンバーのキャリアビジョン・ライフビジョンを把握している ・各々の課題を明確にし、能力開発を支援している ・メンバーの弱点・改善点を適切にフィードバックしている		5
□	・後輩の育成計画を立案し、実行している		4
□	・後輩の実務指導をしている		3
TOTAL	このジョブレベルのポイント □	ここまでのジョブポイントの合計 □	

※「6」以上は「人材育成責任」と「人材育成計画」の2列ありますが「両方行って、当該ポイント」として下さい。片方だけの場合は「1ポイント」下げて下さい。

ジョブサイズ指標 18　カテゴリ：ヒューマンマネジメント

人材発掘

社内外から優れた人材を発掘し活躍の場を与えているか

人材発掘とは、社内外において有用な人材を見つけ、活躍の場を与え、業績を向上させることです。多くの人材の中から優れた人材を見つけ出し機会を与えるためには、常に優秀な人材にアンテナを立てておく必要があります。社外人材に対しては「採用」だけでなく、「任用」という方法もあります。社外役員やアドバイザー、顧問、業務委託など、特定の職域で活躍してもらうのです。社外の有力な人材に声をかける場合は、お金だけでなく、夢や理念で惹きつけられる自分自身の魅力も大事なポイントとなります。

CHECK	あなたのジョブレベルは？	POINT
□	【経営重要人材発掘・任用】 ・優れた人材を発掘し、経営人材として登用・育成を行っている ・社外の有力人材を見つけ、口説き、惹きつけ、入社させている ・幅広い人脈を持ち、有用な社外人材を任用している ・将来性のある社内人材を育てる仕組みを構築している ・優秀な人材にポテンシャルを発揮できる活躍の場を与え、新しいアイデアや提案を受け入れる環境づくりをしている	8
□	【社内外人材発掘・任用責任】 ・社内外から優れた人材を見つけ出し、機会を与えている ・社外の有力人材を見つけ、口説き、惹きつけ、入社させている ・幅広い人脈を持ち、有用な社外人材を任用している ・将来性のある社内人材を育てる仕組みを構築している ・優秀な人材にポテンシャルを発揮できる活躍の場を与え、新しいアイデアや提案を受け入れる環境づくりをしている	7
□	【社内人材の発掘・承認】 ・社内の優れた人材を見つけ出し、機会を与えている ・有用な社内人材を発掘し、上司の承認を得て抜擢している ・メンバーから優れたアイデアを引き出し、実現を支援している ・将来性のある社内人材を育てる仕組みを構築している ・優秀な人材にポテンシャルを発揮できる活躍の場を与え、新しいアイデアや提案を受け入れる環境づくりをしている	6
TOTAL	このジョブレベルのポイント □　ここまでのジョブポイントの合計 □	

ジョブサイズ指標 19　カテゴリ：ヒューマンマネジメント

組織構築・運営

組織が大きくなるほど、構築・運営の難易度は上がる

組織構築・運営とは、経営計画・目標を達成するために組織を構築し、運営していく責任の範囲を示します。組織運営を行ううえで大事なのは、さまざまな階層や職種によって成り立っている組織の全体に目を配りながら、マネジメントをしていくことです。組織が大きくなるほど、構築・運営の難易度は上がります。俯瞰した視点で組織内の問題解決策を提示することが重要です。「上級管理職を配下に持つ」とは、部長以上の管理職を配下に持つことで、その下に中間管理職がおり、組織が大きいことを示しています。

CHECK	あなたのジョブレベルは？	POINT
□	**【社長・上級役員レベル】** ・10 人以上の上級管理職を配下に持つ組織を構築・運営している ・全社的視点から最適な組織のあり方を考え構築・運営している ・組織内で起こるさまざまな問題点に対して的確に対応している	8
□	**【役員・本部長レベル】** ・3 人以上の上級管理職を配下に持つ組織を構築・運営している ・全社的視点から最適な組織のあり方を考え構築・運営している ・組織内で起こるさまざまな問題点に対して的確に対応している	7
□	**【部長レベル】** ・３人以上の中間管理職を配下に持つ組織を構築・運営している ・自部門の利益のみを優先せず、全社的に最適な自部門のあり方を考え、全体的視点から組織を構築・運営している ・組織内で起こるさまざまな問題点に対して的確に対応している	6
□	**【課長レベル】** ・５人〜 10 人のメンバーのチームを任され、運営している ・個々の役割を明確にし、共通の目標を持たせている ・チーム内で起こるさまざまな問題点に対して的確に対応している	5
□	**【プロジェクトリーダー・主任レベル】** ・複数名のメンバーがいるプロジェクトやチームを任されている ・個々の役割を明確にし、共通の目標を持たせている ・チーム内で起こるさまざまな問題点に対して的確に対応している	4
TOTAL	このジョブレベルのポイント □　ここまでのジョブポイントの合計 □	

ジョブサイズ指標 20　カテゴリ：タスクマネジメント

タスクマネジメント責任

あなたの責任範囲の人数は？

タスクマネジメントとは、業績に貢献する「明確な目標の設定」「目標達成のためのリスクも想定した計画立案」「計画の進捗管理」「進捗による計画修正等と目標達成」「目標達成のための計数（売上・原価・粗利・経費等）の適切な管理」などを指します。1年または半年間のマネジメントサイクル（PDCA）を回すことが想定されます。これらを行い、目標を達成するための影響範囲の大きさによってジョブサイズは変化します。タスクマネジメント責任範囲の人数が多いほど、ポイントは大きくなります。

CHECK	あなたのジョブレベルは？	POINT
□	**【社長・上級役員レベル】** ・タスクマネジメント責任範囲＝全社（100 人以上） ・ビジョンや戦略を策定し、組織の向かう方向を明確にし、業績を向上させている	8
□	**【役員・本部長レベル】** ・タスクマネジメント責任範囲＝本部級組織（30 ～ 100 人） ・ビジョンや戦略を具現化する目標を設定し、達成している	7
□	**【部長レベル】** ・タスクマネジメント責任範囲＝部級組織（10 ～ 30 人） ・部の目標設定、計画立案、進捗管理、計数管理を行っている	6
□	**【課長レベル】** ・タスクマネジメント責任範囲＝課級組織（5 ～ 10 人） ・課の目標設定、計画立案、進捗管理、目標達成、計数管理を行っている	5
□	**【プロジェクトリーダー・主任レベル】** ・タスクマネジメント責任範囲＝課級組織（5 人程度） ・計画立案、進捗管理、目標達成を行っている	4
□	**【チーフレベル】** ・個人タスクを完遂している ・チーム内の業務課題を解決している	3
□	**【メンバーレベル】** ・個人タスクを完遂している	2
□	**【新人レベル】** ・指示に基づき業務を遂行している	1
TOTAL	このジョブレベルのポイント □　ここまでのジョブポイントの合計	□

ジョブサイズ指標 21　カテゴリ：タスクマネジメント

例外対応・裁量レベル

想定外のことに対して柔軟に対応できるか

ビジネスパーソンは、想定外の事態に対しても、適切にかつ臨機応変に対処していくことが求められます。タスクマネジメントにおいては、例外対応が必要な場面が日々起こります。例外対応には、柔軟な対応が求められる場面、ルールに則って例外を認めない場面があり、その裁量レベルによってポイントは大きくなります。高度なイレギュラーに対応できる裁量を持っていれば、ポイントは MAX「5」です。部長レベル以上に与えられる、より大きな裁量については別途「決断」（P120）でポイント化しています。

CHECK	あなたのジョブレベルは？	POINT
□	【課長レベル】 ・高度なイレギュラー案件に対して対応する裁量を持っている ・その裁量によって、想定外の案件を完了させる	5
□	【プロジェクトマネージャー・主任レベル】 ・一次対応で完了しなかった案件に関して、二次対応の裁量を持ち、想定外の案件を完了させる	4
□	【チーフレベル】 ・イレギュラーへの一次対応の裁量を持っている ・想定外の事態にも臨機応変に対処している	3
□	【メンバーレベル】 ・イレギュラーが発生した際は、上司に報告している ・自分勝手な判断はせず、上司や先輩に相談している	2
TOTAL	このジョブレベルのポイント □　ここまでのジョブポイントの合計 □	

ジョブサイズ指標 22　カテゴリ：タスクマネジメント

目標難易度

自社の業績にどれくらい影響を与えているか

目標難易度とは、自身がコミットする目標の大きさを示します。目標は、到達点を明らかにすればするほど達成しやすくなります。目標を達成すると、会社や自部門にどれくらいの影響があるのか。目標設定における会社の業績への影響度（組織規模・人数・売上）によってポイントが設定されています。売上影響度については、会社によって大きく異なります。以下に示している金額はあくまで目安であり、自社に与える売上影響度を鑑みて、数値は会社ごとに設定してください。売上影響度加算においても同様です。

CHECK	あなたのジョブレベルは？		POINT
	目標設定	※売上影響度（目安です）	
□	【社長・上級役員レベル】 ・中長期的に全社に影響を与える目標	10億以上	8
□	【役員・本部長レベル】 ・全社（100名以上の組織）の業績に影響を与える目標	5億以上	7
□	【役員・本部長レベル】 ・全社（50名以上の組織）の業績に影響を与える目標	3億以上	6
□	【部長レベル】 ・全社（30名以上の組織）の業績に影響を与える目標	1億以上	5
□	【課長レベル】 ・全社（10名以上の組織）の業績に影響を与える目標	5000万以上	4
	売上影響度加算 コミットする金額により、ポイントを加算します		
□	100億		20
□	50億		10
□	25億		5
□	15億		2
TOTAL	このジョブレベルのポイント □	ここまでのジョブポイントの合計 □	

※ここは、変数を大きく設定した項目です。責任が大きければ大きいほど、ジョブサイズは大きくなります。コミットする金額が大きい場合のみ、加点してください。

ジョブサイズ指標 23　カテゴリ：タスクマネジメント

改善

業務の無駄をなくし、効率化を図っているか

改善とは、目標と現状の差異について常に注意を払い、現状をより良く変えていくことです。より良く業務を改善するためには、手段を選択し、方法を工夫し、無駄をなくすことが大事です。無駄には、つくりすぎの無駄、手持ちの無駄、運搬の無駄、加工の無駄、在庫の無駄、動作の無駄、不良をつくる無駄、時間の使い方の無駄などがあり、これらの無駄を徹底的に排除することによって効率化が高まります。ジョブサイズは、業務改善（経費等）を10%削減することにコミットするとMAX「5」ポイントです。

（削減の%はあくまで目安です。自社の状況を鑑み、ポイントを判定してください。）

CHECK	あなたのジョブレベルは？	POINT
□	**【課長レベル】** ・経費削減10%にコミットしている ・目標と現状のギャップや問題点を明らかにしている ・業務やシステムを見直し、改善を試み、実行している ・無駄を削減し、仕事の効率化を進めている ・改善の提案を行い、優先順位をつけながら、常に取り組んでいる	5
□	**【プロジェクトリーダー・主任レベル】** ・経費削減5%にコミットしている ・目標と現状のギャップや問題点を明らかにしている ・業務やシステムを見直し、改善を試み、実行している ・無駄を削減し、仕事の効率化を進めている ・改善の提案を行い、優先順位をつけながら、常に取り組んでいる	4
□	**【チーフレベル】** ・目標と現状のギャップや問題点を明らかにしている ・業務やシステムを見直し、改善を試み、実行している ・無駄を削減し、仕事の効率化を進めている ・改善の提案を行い、優先順位をつけながら、常に取り組んでいる	3
□	**【メンバーレベル】** ・現状に満足せず、より効率的な仕事の進め方を考えている ・業務の改善を提案している ・無駄な作業などによって、時間やお金の無駄遣いをしない	2
TOTAL	このジョブレベルのポイント □　ここまでのジョブポイントの合計	□

ジョブサイズ指標 24　カテゴリ：リーダーシップ

変革・事業創造・新機軸の創出

伝統や慣習にとらわれていないか

変革・事業創造・新機軸の創出とは、会社や事業に重要な影響を与える新たな取り組みや事業創造、大きな変革を実現することです。伝統や慣習、成功体験にとらわれないアイデアを出し、組織に提案し、承認を得て、実行に移し、実績に結びつけることが求められます。新たな価値を創造するためには、たとえ抵抗があっても反対勢力に屈しない強さと覚悟が必要です。部長レベルまでは失敗を許容されますが、役員・本部長レベル以上は、会社の命運がかかるため、必ず成功を収めなくてはならない責任が伴います。

CHECK	あなたのジョブレベルは？	POINT
□	**【社長・上級役員レベル】** ・全社的な新機軸の創出、新事業の実現を行い、実績を上げている ・伝統や慣習にしばられず、過去を否定する勇気を示す ・常に危機意識を持ち、成功体験にとらわれない斬新な発想をする ・多数の反対意見を押し返す強さや信念がある	8
□	**【役員・本部長レベル】** ・全社的な変革、新事業の提議をし、経営の承認を得て実行している ・伝統や慣習にしばられず、過去を否定する勇気を示す ・常に危機意識を持ち、成功体験にとらわれない斬新な発想をする ・多数の反対意見を押し返す強さや信念がある	7
□	**【部長レベル】** ・新事業を策定し、上長の承認を得ている ・伝統や慣習にしばられず、過去を否定する勇気を示す ・常に危機意識を持ち、成功体験にとらわれない斬新な発想をする ・多数の反対意見を押し返す強さや信念がある	6
□	**【課長レベル】** ・有用な新機軸を提案し、上長の承認を得ている ・新しいアイデアを出し、具現化している	5
□	**【プロジェクトマネージャー・主任レベル】** ・有用な新機軸の提案をしている ・新しいアイデアを出し、具現化している	4
TOTAL	このジョブレベルのポイント □　ここまでのジョブポイントの合計 □	

ジョブサイズ指標 25　カテゴリ：リーダーシップ

ビジョン・戦略・戦術の策定

組織のあるべき姿が見えているか

ビジョン・戦略・戦術の策定とは、組織のあるべき姿を明確に示すビジョンと、そのビジョン実現のための戦略・戦術を策定することです。戦略とは、ビジョンに至る道筋です。具体的な方針を示し「やらないこと」を明確にすることでもあります。戦略策定は組織の命運がかかっているため容易ではありません。管理部門等における事業・財務・人事戦略も、全社的に重要です。戦術とは、戦略の具体的な実現施策を指します。1年以内の戦い方、やるべきことを明確にし、確実に成功へと導く予見力が必要になります。

CHECK	あなたのジョブレベルは？	POINT
□	**【社長・上級役員レベル】** ・全社のビジョン・将来像を策定している ・ミッション・ビジョン・バリューを明確にしている ・中長期戦略を立案し、組織を指揮している	8
□	**【役員・本部長レベル】** ・組織ビジョンを明示し、中長期的なビジネス戦略を策定している ・その戦略に基づいて組織を指揮している ・管理部門等では、全社に影響を与える重要な事業・財務・人事戦略等を立案し、実行の責任を負っている	7
□	**【部長レベル】** ・上位組織の戦略の策定に直接関わりつつ、上位戦略の実現に向けた戦略遂行のプランニングをし、実行の責任を負う ・管理部門等では本部級組織に影響を与える重要な事業・財務・人事戦略等を立案・遂行し、実行の責任を負っている	6
□	**【課長レベル】** ・上位組織の戦略に基づいて短長期的な業務運営企画の戦術を策定している	5
□	**【プロジェクトリーダー・主任レベル】** ・上位組織から与えられた目標や基準の実現に向けてプロジェクト運営のプランニングをし、実行し、成果を出す	4
□	**【チーフレベル】** ・上位組織から与えられた目標や基準の実現に向けてプランニングに基づき、実行し、成果を出す	3
TOTAL	このジョブレベルのポイント □　ここまでのジョブポイントの合計 □	

ジョブサイズ指標 26　カテゴリ：リーダーシップ

戦略・戦術想定時間軸

組織の将来を何年先まで見ているか

戦略・戦術想定時間軸とは、戦略・戦術を策定する際に想定する期間です。戦略・戦術の策定は、３年後、５年後など、会社の将来のあるべき姿を具体的に考えて検証することが求められます。あるべき姿に向かうための現在の問題点と解決方法を複数挙げ、それぞれに関してのメリット・デメリット、具体的なリスクも検証し、取るべき戦略・戦術を明確にしなくてはなりません。長期的な戦略・戦術を策定するほど、経済動向・業界動向・マーケットの変化を大きく予見しなければならず、難易度は高まります。

CHECK	あなたのジョブレベルは？	POINT
□	**【社長・上級役員レベル】** ・戦略・戦術想定時間軸＝持続的・永続的 ・会社のあるべき姿に向かう戦略・戦術を策定し、実行している ・現在の問題点など現状を把握し、策定時に考慮している ・捨てるものを明らかにし、その責任を取る覚悟がある	8
□	**【役員・本部長レベル】** ・戦略・戦術想定時間軸＝長期的（５年～） ・会社のあるべき姿に向かう戦略・戦術を策定し、実行している ・現在の問題点など現状を把握し、策定時に考慮している ・捨てるものを明らかにし、その責任を取る覚悟がある	7
□	**【部長レベル】** ・戦略・戦術想定時間軸＝中長期的（３年～５年） ・現在の問題点など現状を把握し、策定時に考慮している	6
□	**【課長レベル】** ・戦略・戦術想定時間軸＝複数年（1 年～ 3 年） ・現在の問題点など現状を把握し、策定時に考慮している	5
□	**【プロジェクトリーダー・主任レベル】** ・戦略・戦術想定時間軸＝１年 ・現在の問題点など現状を把握し、策定時に考慮している	4
□	**【チーフレベル】** ・戦略・戦術想定時間軸＝半期 ・現在の問題点など現状を把握し、策定時に考慮している	3
TOTAL	このジョブレベルのポイント □　ここまでのジョブポイントの合計	□

ジョブサイズ指標 27　カテゴリ：影響範囲

影響人数

責任を持つ人数が多いほど、影響力は大きくなる

影響人数とは、配置・任命権限・評価・育成・管理の権限と責任を持つ人員数を指します。責任を持つ人員が多いほど、影響力が大きく責任も重くなります。この指標では、評価権限を持つ一次・二次評価者として、いわゆる「部下」を想定してください。評価・育成責任を持たない「後輩指導」などは含みません。アルバイト・派遣・業務委託のメンバーについてもフルタイム勤務で換算して算出し、ポイント換算してください。

CHECK	あなたのジョブレベルは？ 目標設定 / ※売上影響度（目安です）	POINT
□	【社長・上級役員レベル】 100 人以上	8
□	【役員・本部長レベル】 30 人～ 100 人	7
□	【部長レベル】 10 人～ 30 人	6
□	【プロジェクトリーダー・主任レベル】 5 人～ 10 人	5
□	【課長レベル】 ～5 人	4
□	【チーフレベル】 ～ 3 人	3
	上記に加え、大幅にマネジメント人数が多い場合は、 下記を目安にポイント換算してください	
□	300 人～	30
□	200 人 ~	20
TOTAL	このジョブレベルのポイント □　ここまでのジョブポイントの合計 □	

※ここは、変数を大きく設定した項目です。管理する人員数が大きければ、ジョブサイズは大きくなります。配置・任命権限・評価・育成・管理に責任を負う人数が大きい場合のみ、加点してください。

ジョブサイズ指標 28　カテゴリ：理念浸透

理念浸透

働く目的を明示し、浸透させているか

企業の「理念」とは、社会にどのような価値を提供するかを示すものです。理念は、そこに集まって働く人たちの「働く目的」です。理念が浸透すると、社員は働く目的が明確になり、モチベーションが高まります。「何のために働いているのか」を問われたときに、社員が理念に関連することを自然に答えられることが「理念が浸透している」という状態です。会社が目指すものを自らの言葉で語ることができ、情熱的に社内外に発信し、社員に理念に則った行動を浸透させることがリーダーの重要な役割となります。

CHECK	あなたのジョブレベルは？	POINT
□	**【社長・上級役員レベル】** ・理念と全社ビジネスの整合性を確認して明示する責任をもつ ・全社に理念を浸透させる施策を立案・実行している ・会社の理念を自分の言葉で語り、行動指針を体現している ・社員や顧客などに理念の実現を情熱的に働きかけている	8
□	**【役員・本部長レベル】** ・理念と本部ビジネスの整合性を確認して明示する責任をもつ ・本部内に理念を浸透させる施策を立案・実行している ・会社の理念を自分の言葉で語り、行動指針を体現している ・社員や顧客などに理念の実現を情熱的に働きかけている	7
□	**【部長レベル】** ・理念と部（10~30 人）の整合性を確認して明示する責任をもつ ・部内に理念を浸透させる施策を立案・実行している ・会社の理念を自分の言葉で語り、行動指針を体現している ・社員や顧客などに理念の実現を情熱的に働きかけている	6
□	**【課長レベル】** ・課（5 人～ 10 人）に対して理念浸透の施策を立案・実行している ・理念とチーム目標の整合性を図っている ・会社の理念を自分の言葉で語り、行動指針を体現している	5
□	**【プロジェクトリーダー・主任レベル】** ・チームメンバーに対して理念浸透のための働きかけをしている ・理念に共感を得るための活動を実施している ・会社の理念を自分の言葉で語り、行動指針を体現している	4
TOTAL	このジョブレベルのポイント □　ここまでのジョブポイントの合計 □	

ジョブサイズによる想定年収

責任を持つ人数が多いほど、影響力は大きくなる

総合ジョブポイント	総合ジョブレベル	想定職位	想定年収
185～		社長・上級役員レベル	1500万～
160～185		役員・本部長レベル	1000万～1500万
130～160		部長レベル	700万～1000万
100～130		課長レベル	550万～700万
70～100		プロジェクトマネージャー 主任レベル	450万～550万
40～70		チーフレベル	360万～450万
25～40		自己完遂レベル	300万～360万
～25		補助・育成レベル	～300万

自身のジョブサイズ □□□　現在の想定年収 □□□□ 万円

第4章

「ジョブ」と「ミッション」の違いを理解することが年収アップの道

ジョブとは何か？ミッションとは何か？

年収アップの命運を分ける2つのキーワード

第2章の「年収基準」の各クラスに必要とされるスキルと行動、第3章の「ジョブサイズ28の指標」、これらが年収アップを実現する確実かつ普遍的な方法です。

ただ、2020年代に突入し、社会は大きく変化しています。

第4章では、これからの時代を生き抜くうえで、ビジネスパーソンにとって極めて重要となる「ジョブ」と「ミッション」という2つのキーワードについて解説します。

第1章でお伝えしたように、「ジョブ型」と呼ばれる欧米型の雇用制度が注目されており、導入する企業が増えています。

ジョブ型とは、まさに「仕事の大きさ」で年収が決まる制度です。グローバル企業では一般的な雇用制度ですが、そのままの形で日本に広く定着するかはわかりません。

欧米式のジョブ型は「営業部長」「経理部長」といった「役割」に値段をつける制度です。たとえば、営業部長が年収1000万で、経理部長が年収800万と決まっていた場合、営業部長から経理部長に役割が変わると、年収が下がることになります。しかし欧米の慣習では、こういった専門外の部署に異動することは想定されていません。だからこそできる制度だと言えます。

一方、日本では「メンバーシップ型」と呼ばれる、「この会社の所属員としてどんな仕事でもやってくださいね」という考え方が広く定着しています。異動したからといって、年収を大幅に下げることはなかなかできません。

根本的な考えが異なるため、欧米式のジョブ型がそのまま日本で浸透する可能性は低いともいわれていますが、日本式のジョブ型は確実に増えていくはずです。

呼称こそ違いますが、日本企業では「ミッショングレード制」という雇用制度を導入しているところもあります。

これは求められる組織ミッションや職責のレベルなど「仕事の大きさ」に応じて数段階のグレードを設け、その職務の大きさによって年収を決める制度です。

このような日本式ジョブ型は今後も増え、「仕事の大きさで年収を決める」という考え方はひとつの潮流になっていくでしょう。

第3章の「ジョブサイズ」はそのひとつの「解」なのです。

また、従来型の給与制度の会社であっても、業務や責任の重さに比例して年収が高くなっていくことに変わりはありません。

年収を上げる＝ジョブサイズを大きくする。この公式を常に意識してキャリアビジョン・キャリアプランを考えていくことが重要になります。

では、ジョブサイズを大きくしていくためには、どうしたらいいのでしょうか？

大切なのは「自分は何のために働くのか」という目的意識を見つめ直すことです。

これは精神論などではなく、目的意識の持ち方によって働き方が変わり、それによって得られる年収も違ってくるのです。


「あなたは何のために働いていますか？」

管理職研修や企業研修などの講師を務めさせていただくと、私は必ずこの質問をしています。８割ぐらいの人が「生活のためです」「家族のためです」と答えます。「他にありませんか？」

そう尋ねてもなかなか明確な答えは返ってきません。ただ、それは本来おかしな話です。なぜなら、会社員なら同じ目的意識を持っているはずだからです。

それは何かというと、「ミッション」を実現することです。会社とは、そもそものために存在しているのです。

「ミッション？　なにそれ？　そんなことが年収アップに何か関係あるの？」

そう思う人もいるかもしれません。

あります。というより、年収アップにおいて重要なキーワードの一つなのです。

あなたの「使命」は何ですか？

経営者が書いたビジネス書では、必ずといっていいほど「理念」の重要性について説かれています。ところが、やはり管理職研修や企業研修などで、

「あなたの会社の理念は何ですか？」

と質問すると、答えられない人が多くいます。


私は「人事の学校」という人事担当者の養成講座を主宰し、述べ5000人以上のビジネスパーソンの指導をしているのですが、管理職や人事担当者ですら、自分の会社の理念を言えなかったり、あまり理解していなかったりします。

理念とは、その会社が社会にどのような価値を提供しようとしているかを語っているもので、そこで働く人にとって「働く目的」となるものです。

企業理念、経営理念など、会社によって呼称は異なりますが、理念とは一般的に「ミッション」「ビジョン」「バリュー」に分解されます。

ミッションとは、「使命」です。世の中にどのような価値を提供するのか、どのように貢献するのかという、その会社の使命を表したものです。

ビジョンは、どうありたいか、どうなりたいかを示す「目標」「方向性」。バリューは、「価値観」「あり方」「姿勢」などを表す行動指針です。

たとえば、Google は次のようなミッションと、姿勢、価値観を掲げています。

「Google の使命は、世界中の情報を整理し、世界中の人がアクセスできて使えるようにすることです」

①ユーザーに焦点を絞れば、他のものはみな後からついてくる。
②1つのことをとことん極めてうまくやるのが一番。
③遅いより速いほうがいい。
④ウェブ上の民主主義は機能する。
⑤情報を探したくなるのはパソコンの前にいるときだけではない。
⑥悪事を働かなくてもお金は稼げる。
⑦世の中にはまだまだ情報があふれている。
⑧情報のニーズはすべて国境を越える。
⑨スーツがなくても真剣に仕事はできる。
⑩「すばらしい」では足りない。

Googleは随時このリストを見直し、事実に変わりがないかどうかを確認し、これらが事実であることを願い、常にこのとおりであるよう努めているといいます。

それらすべての根幹にあるのが「世界中の情報を整理し、世界中の人がアクセスできて使えるようにすること」というミッションであり、この使命を実現するために

Googleの社員は働いているわけです。

理念、あるいはミッション・ビジョン・バリューの示し方は企業によってさまざまですが、どの企業にも必ず、その会社の「使命」があります。**その使命を実現するために、世の中に商品やサービスといった価値を提供しているのです。**

「あなたは何のために働いていますか？」

そう聞かれたときに、自分の会社の「使命」を言えない。理解していない。それでは会社が求めている「成果」は出せません。

２０２０年代は、徹底した成果主義とジョブ型雇用が到来する時代になるでしょう。会社が求める成果を出せない。それは「年収が上がらないこと」を意味しているのです。

ミッションがあるから、そこにジョブが生まれる

もうひとつの重要なキーワードは「ジョブ」です。ここで言うジョブとは、実際に行う仕事であり、「役割・目標・達成」を意味しています。

ミッションを果たすために、どんな役割をするのか、どんな目標を立てるのか、どのようにして達成するのか。

たとえばマネージャーだったら、ミッションを果たすためにメンバーに動機づけする役割があります。目標を明確に認識させ、それを達成に導くことも重要です。

それらがジョブ＝仕事であり、その仕事をより大きくしていくことが、年収アップにつながります。そのすべての出発点にあるのが「ミッション」です。

ミッション＝「使命」を理解していなければ、どんな役割を果たすべきなのか、どんな目標を設定すればいいのか、どのように達成すべきなのかがわかりません。

ミッションがあるから、そこにジョブが生まれる。

会社の理念、あるいはミッション・ビジョン・バリューを果たすために、自分自身のミッションを決める。管理職だったら、課や部のミッションを決めてメンバーに示す。

それこそが、「ジョブ＝仕事」のスタートラインになります。

ところが、管理職研修や目標設定会議などで「あなたのミッションは何ですか？」と尋ねても、ちゃんと書けない人が多くいます。

よくあるのは「粗利を増やす」とか「売上を増やす」といった回答です。それは結果として大事なことではありますが、ミッションではありません。

「あなたは何のために働いていますか？」

そう聞かれたときに、「働く目的」として答えられるものがミッションです。

管理職は、自分自身も部下も、ワクワクするようなミッションを示すことが大切です。働く目的が「粗利を増やす」では、誰もワクワクしませんよね。

経理部などで「あなたのミッションは何ですか？」と質問すると「数字の管理です」と答える人が多いです。それも「業務」であってミッションではありません。数字の管理を通じて、会社や世の中にどんな価値を提供したいのか。誰をどのように喜ばせたいのか。ミッションとは、そんな自分自身の使命と存在価値を示すものです。

このような話をすると、難しく感じる人もいるでしょう。

実際、よくこんな風に言われます。

「ミッションとか価値の提供とかいわれましても、私は経理なもので、お客様と接することもないものですから……」

ミッションというと、額縁に飾ってあるような、何やら難しげで立派な言葉だけど、日々の仕事には直接関係ないもの、そう感じている人が多いのだと思います。

しかし、決してそうではありません。

ミッションとは何か、具体的に何をしたらいいのか、その方法をお伝えします。

「○○をより△△する」のが価値提供と考える

「仕事は客のためにする。ひいては世の中のためにする」

ミッションのつくり方は、非常に簡単です。

自分自身や課や部などのミッションを設定するときは「○○をより△△する」と表現します。そして、その結果、「誰」が喜んでくれるのかを考えます。

あるブライダル企業の研修で、フラワーコーディネーターのリーダーの方のミッションについて、こんなやりとりをしました。参考にしてみてください。

私「あなたのミッションは何ですか?」

フ「部下のフラワーコーディネーターたちのスキルをより高めることです」
私「それによって、誰が喜ぶんですか？」
フ「部下のフラワーコーディネーターたちです」
私「部下のフラワーコーディネーターたちのスキルが高まると誰が喜ぶんですか？」
フ「えっと……」
私「お客様が喜ぶんですよね。ブライダルでいいお花をコーディネートできたら、新郎新婦やゲストが喜んでくれますよね。新郎新婦やゲストが喜んでくれたら、もっとお花にお金をかけようと思うかもしれませんよね」
フ「ああ、そうですね」
私「お客様から『ありがとう』とか『すてき』といってもらえたら、部下のフラワーコーディネーターたちも喜んで、よりスキルを高めようとモチベーションが上がりますよね。そうしたら、もっとお客さんが増えて、その結果、売上も伸びますよね」
「部下のフラワーコーディネーターたちのスキルをより高め、お客様により喜んでいただく」

ミッションは、たった一行でもいいのです。大切なのは、何かをよりよくすることによって、誰が喜んでくれるのかを具体的に考えることです。

営利企業において、売上や利益をあげることは重要です。しかし、それは結果であって、目的ではありません。

企業の「使命」は、お客様に喜んでもらうことです。価値を提供し、お客様に喜んでもらうことによって、売上や利益が伸びる。この順番を間違えてはいけません。

では、自分の仕事によって喜ぶのは誰なのか？

たとえば、経理の仕事はお客様と接する機会があまりないかもしれません。では、誰も喜んでくれないのでしょうか？

「経営者により早く経営数値を報告し、経営判断をしやすくする」

こうしたミッションを設定し、そのミッションを実現できたら、まず経営者が喜んでくれます。経営判断が早まれば、関連部署の人たちも喜んでくれます。その事業によって、顧客や取引先の人たちも喜んでくれるかもしれません。事業が成功して売上が伸びたら、会社のみんなが喜んでくれます。

自分の仕事によって喜んでもらう「お客様」は、エンドユーザーに限らなくていいのです。総務だったら、経営者、社員、株主が「お客様」になるでしょう。

・経営者に対して購買業務をより効率化して価値を提供する
・社員に対してより働きやすい環境を提供する
・株主が自社に対してより好感度を高めるような施策を展開する

たとえば、こうしたミッションを設定し、それを果たせたら、経営者や社員、株主が喜んでくれます。社員により働きやすい環境を提供し、それによってよりよい商品やサービスを提供できるようになれば、より多くのお客様に喜んでもらえます。それは世の中の役に立つということでもあります。

「仕事は客のためにする。ひいては世の中のためにするものだ」

「半沢直樹」もこのように言っておりました（池井戸潤　ロスジェネの逆襲　文春文庫）。これがミッションです。決して難しいものでも、日々の仕事に直接関係ないものでもないのです。

どんな仕事も、必ず価値を提供している相手がいます。その価値を提供している相手に「より」何をもたらすのか。これがミッションの考え方です。

自分の仕事によって、誰かが喜んでくれて、世の中のためにもなる。その結果、売上も伸びて、会社のみんなも喜んでくれる。

このように考えたら、ワクワクしてきませんか？

「西をめざせ」はNGワード

では、ミッションを実現するために、具体的には「何」をしたらいいのでしょうか。

それが「ジョブ」です。どんな役割を果たし、どんな目標を設定し、どうやって達成するのか。

ミッションが部署や自分の「使命」であるのに対して、ジョブは毎期の具体的な「目標」です。目標を設定する際には、大事な注意点が2つあります。

①達成可能であること

②到達点を明らかにすること

目標は「達成可能」であることが重要です。部下の目標設定をする際にも、自分自身の目標を決める際にも、達成できない目標を設定してはいけません。

人事評価において「目標達成」は非常に大事な指標のひとつです。目標を達成できなければ、評価は下がり、給与が下がる場合もあります。

無謀な目標を持たされ、給与を落とされる部下のモチベーションダウンは計り知れません。管理職の方々には、特に注意していただきたいポイントです。

もうひとつは、その目標を達成できたのか、できなかったのか、到達点が明らかになるように目標をできるだけ具体的に設定することです。

さまざまな企業の目標設定会議に出ていると、このような目標をよく見かけます。

「経費精算のスケジュールを周知徹底する」

「決算仕分けのミスを極力なくすよう努力する」

「新会計システムの導入を着実に実行する」

徹底する、努力する、着実に。これらはすべて目標設定におけるＮＧワードです。

こうした曖昧な目標は、徹底したのか、努力したのか、着実だったのか、達成できたのか、できなかったのか、主観的な判断しかできません。

このような曖昧な表現は、いってみれば「西をめざせ」という目標です。

「西をめざせ」では、大阪まで行けば目標達成なのか、九州まで行かなくてはいけないのか、人によって達成基準の捉え方がまったく異なってしまいます。

これではせっかく目標を達成しても、適切な評価を受けられません。目標はできるだけ明確にすることが重要です。明確な目標とは、次のような状態を指します。


「明日の夜7時、大阪・肥後橋にある○○という居酒屋に行き、生ビールを注文して飲んでいる」


これなら目標を達成できたのか、できなかったのか、誰にとっても一目瞭然ですよね。人によって評価が異なることはありません。

目標設定は、ここまで具体的にしておくのが理想なのです。

成果主義が徹底されると、目標達成は人事評価にも年収にも大きく影響するため、場合によっては、その人の人生さえ左右することになります。

だからこそ、管理職の方々には、この2点については十分注意していただきたいのです。

「目標設定」は、バランススコアカードを応用しよう

目標設定は、課長クラス以上に求められる非常に難易度が高いコンピテンシーです。これができたら年収600万以上は望めますが、多くの管理職が苦戦しています。

そこでおすすめしたいのが、バランススコアカード（BSC：Balance Score Card）を応用する方法です。バランススコアカードとは、1992年にロバート・S・カプランとデビッド・P・ノートンにより発表された、経営戦略に用いられるマネジメントシステムですが、チームや個人の目標設定にも応用できます。

次の4つの視点を持って、部下や自身の目標を考えてみましょう。

①財務の視点

お金の視点、つまり最終的な「数字」です。営業職なら売上目標です。

総務、経理、人事など、数字による成果が測りにくい職種もありますが、売上以外のことでも数値で成果を表すことは可能です。

たとえば、総務ならオフィス移転や社内のレイアウト変更などの施策を行って「社員の満足度」アンケートを実施し、その数値を目標にする。経理なら「経費計算を中4日から中3日にする」「全社の予算達成」といった目標を立てる。人事なら人件費や採用人数、採用コスト、採用した社員の評価そのものを目標にする方法もあるでしょう。

このようにして成果を数値化し「見える化」できることを目標にすれば、達成基準が明確になり、誰もが客観的な評価をすることができます。

②顧客の視点

財務の視点を達成するためにどのような価値を提供すると、お客様に喜んでもらえるのか、顧客目線で考えることです。

たとえば、商品の数を増やす、サービスの改善、新商品の開発をすることなどを目標にすれば、お客様は喜んでくれるかもしれません。

お客様と接する機会がない職種でも、価値提供している相手は必ずいます。「顧客」は、いわゆるエンドユーザーに限る必要はありません。ミッションの考え方と同じです。経営者、役員、株主、部下、上司、社員など、自分の仕事によって喜んでくれる相手は誰なのか、具体的に想定してみましょう。

顧客を明確にすることは、目標設定の非常に大事なポイントです。誰に何を提供したら喜んでもらえるのか、「お客様」の立場になって考えてみてください。

③プロセスの視点

お客様に価値を提供するために、どんな仕組みをつくって実現するのか。どのように効率化するのか。目標達成の方法を具体的な「過程」を想定して検証します

たとえば、お客様に安定的に喜びを提供していく方法としては、品質の維持・向上のための仕組み、業務の効率化などが考えられます。

その具体的な施策として、マニュアルをつくる、ユーザーアンケートをする、他部署と連携するなど、目標達成のための手段を考えます。

プロセスの視点は、来年以降の価値提供を高めていくためにも重要になります。

④ 人材の視点

①②③を行うためには、どんな人材、どんな能力が必要になるのか。それらの人材を育てるためには、その能力を獲得するためには、どんな学習が必要なのか。目標達成をするうえで、「誰がやるのか」「どのようにやるのか」「どう育てるのか」という「人」の視点で考えます。

必要な人材や能力、その人材像や育成手段、自身の場合だったら学習の手段を考えることで目標達成がより現実的になります。プロジェクトメンバーを想定する、勉強会を開く、必要なスキルを取得するなど、これもさまざまな方法が考えられます。

以上の「4つの視点」に加え、今までやったことがないことに取り組む**「革新の視点」**を加えることができたら、いうことはありません。

たとえば「YouTubeで広報活動をします」「新規事業案を3案提出します」といった新しい提案をするなど、これまで前例のなかったアイデアを考えてみましょう。

これらの視点をバランスよく持っている人は、なかなかいません。人によっては財務の視点がなかったり、顧客の視点とプロセスの視点だけで目標を立てていたりします。

組織の中で一人ひとりがこうした視点を持って目標をつくることはできないという人もいますが、実際につくっている人もいます。

次ページの「考えるべき着眼点」を参考にしながら、自分の目標設定によって、どれだけ会社に利益貢献ができるのか考えてみましょう。

たとえば、新商品が売れたら利益につながります。じゃあ新商品をどんどん出すためには、どんな仕組みとかプロセスが必要なんだっけ？　効率化して残業時間も月45時間から30時間に減らせれば、そのぶん利益も出るな。じゃあ、そのアイデアを出すためにはどんな勉強をすればいいんだろう、どんな人材をメンバーにすればいいだろう、どんな教育をすればいいんだろう……。

このように多角的な視点を持つことができれば、今期や今年度といった短期的な目標だけでなく、来年以降の長期的な成果を目標にすることもできます。

複数の視点を持ち、仕事の幅を広げ、長期的な視野が持てれば、ジョブサイズが飛躍的に大きくなり、年収を大きく上げることにつながります。

考えるべき着眼点

売上と利益を上げる

↓

顧客にどんな価値を
提供したら満足度が上がり、
売上と利益につながるか

↓

そのためにはどんな仕組みを
つくらないといけないか

↓

そのためにはどんな
スキルを磨けばいいのか

↓

継続的な業績向上のために
新たな取組も考えておこう

「４つの視点」は年収アップにも応用できる

この「４つの視点」ないし「５つの視点」は、会社の利益だけでなく、自身の年収アップにも応用できます。

たとえば、年収７００万にアップしようと「財務の視点」で目標を立て、誰にどういう価値を提供すればいいのか「顧客の視点」で考えます。

それを効率よく果たすために「プロセスの視点」で検証し、そのためには誰の協力が必要なのか、何を勉強すればいいのか、「人材の視点」で実行方法を検討します。

このように考えれば、「まずは営業成績を上げて上司に認められよう」「毎朝、日経新聞を読んで世の中のニーズを捉えよう」「残業を減らすように効率化しよう」「異業種交流会に参加してみよう」「能力開発のためにこの本を読んで勉強しよう」など、年収を上げるために具体的に何をすればいいのか、現実的な行動が見えてきます。

バランス・スコア・カード

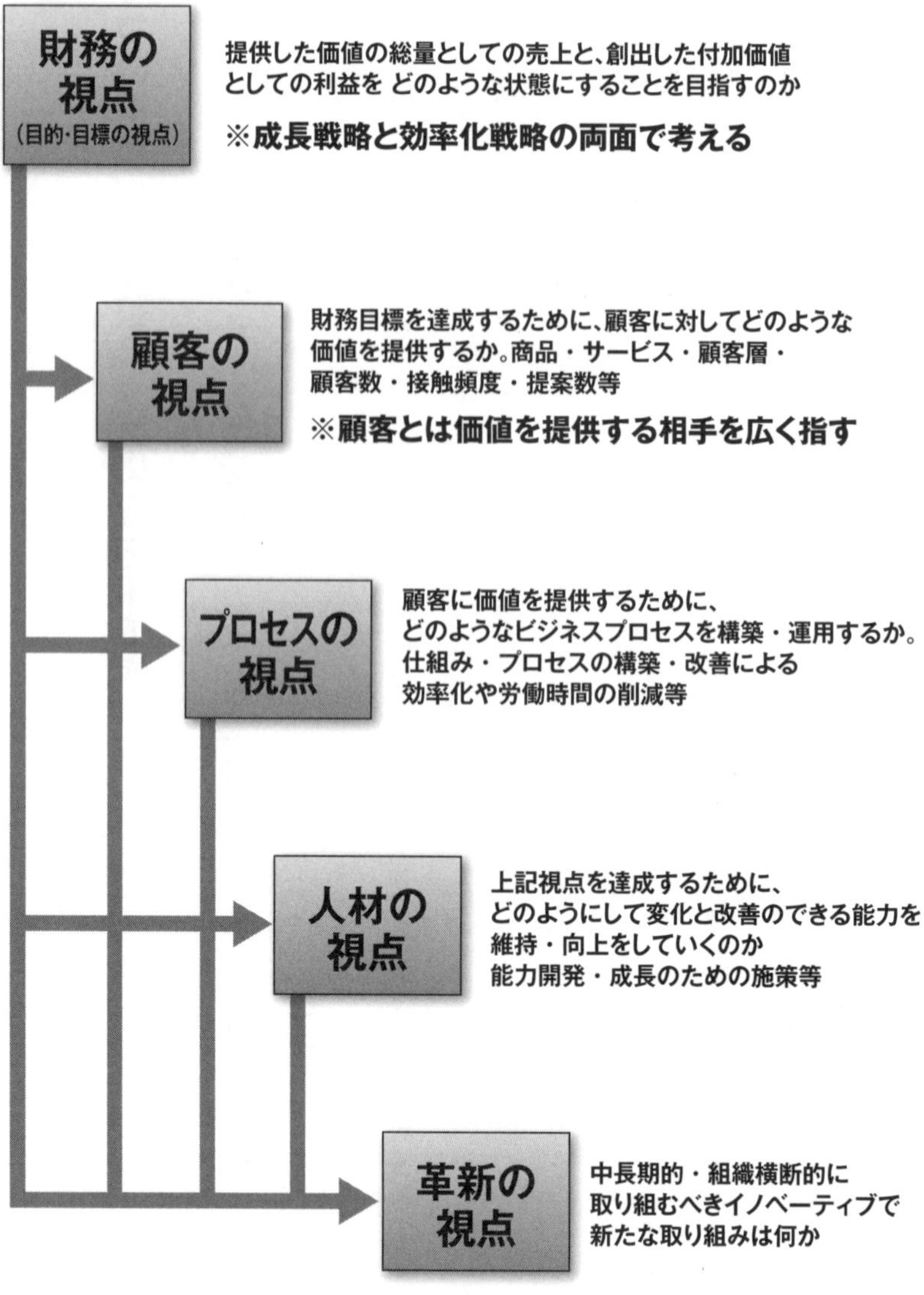

財務の
視点
（目的・目標の視点）
提供した価値の総量としての売上と、創出した付加価値
としての利益を どのような状態にすることを目指すのか
※成長戦略と効率化戦略の両面で考える
顧客の
視点
財務目標を達成するために、顧客に対してどのような
価値を提供するか。商品・サービス・顧客層・
顧客数・接触頻度・提案数等
※顧客とは価値を提供する相手を広く指す
プロセスの
視点
顧客に価値を提供するために、
どのようなビジネスプロセスを構築・運用するか。
仕組み・プロセスの構築・改善による
効率化や労働時間の削減等
人材の
視点
上記視点を達成するために、
どのようにして変化と改善のできる能力を
維持・向上をしていくのか
能力開発・成長のための施策等
革新の
視点
中長期的・組織横断的に
取り組むべきイノベーティブで
新たな取り組みは何か

目標を明確にすると「いつまでに何をすればいいのか」がわかります。すると「計画」が生まれます。いつから何を始めなくてはいけないのか、1ヶ月後、半年後、1年後には、何をすべきなのか、どうなっていたいのか。

この発想でキャリアプランを立てれば、1年後に年収800万、3年後に年収1000万という計画を立て、それを実践していくことが可能になります。

リモートでも可能な「目標管理制度」の考え方

「頑張った」が通用しない時代の働き方とは？

ミッションを決め、目標を立て、実行する。これは、これからの時代において特に必要となる働き方です。

２０２０年にはリモートワークの普及によって上司と部下の関係も変化しました。リモートワークでは、上司が部下の働く姿を直接見ることが難しくなります。

第1章でお伝えしたように、これまでは部下が目標を達成できず、成果を出すことができなくても、「あいつは頑張っている」という印象が人事評価に反映されるケースが多くありました。

実際に頑張っている場合だけでなく、「頑張っているように見える」だけで評価されている人もいました。

デスクでＰＣにさえ向かっていれば、実際にはネットサーフィンをしていても仕事をしているように見えたり、「営業に行ってきます」と会社を出て実際はパチンコをしていても高収入を得ることもできました。

働き方改革以降、改善されてきてはいましたが、「働く時間が長い」＝「頑張っている」という見方も根強く残っており、だらだら残業している人が残業代で稼いで、短時間で効率よく成果を出している人よりも多くの年収を得ていたりもしました。

今後、そういうことは通用しなくなります。

働く姿が上司に見えない以上、「頑張った」「頑張っているように見える」では評価されなくなり、**「どんな成果を出したか」が、最も重要な指標になります。**

そして、上司によるマネジメントが徹底できなくなるので、セルフマネジメントができる人材が強く求められるようになります。

セルフマネジメントとは、まさに「ミッションを決め、目標を立て、実行する」という働き方です。

自らミッションを示し、目標設定を行い、上司に認めてもらい、その目標を達成し、成果を出す。こういう人が、今後は高い評価を得ていきます。

セルフマネジメントの中でも、特に難易度が高いのが「目標設定」です。バランススコアカードの考え方を応用し、適切な目標を設定し、成果を出していけば、あなたの市場価値はどんどん高まり、年収アップを実現していくことができます。

マネジメントの鍵は「目標管理」

リモートワークによって働く姿が見えなくなるのは、部下だけではありません。部下にとっては上司の働く姿も見えなくなり、「背中を見て育て」は通用しません。

直接的なコミュニケーションの機会が減るリモート時代において、部下をどのようにマネジメントするかは、管理職にとって大きな課題となります。

LINEで「仕事してる?」と部下に定期的にメッセージを送って監視し、返信が来なかったら電話する。部下のマウスの動きを随時チェックする……。

そんな上司の姿をテレビで見たことがありますが、リモートワークで部下を「時間」で管理するのはナンセンスです。「部下がサボること」を前提にしていては、リモートワークは機能しません。

管理職にとって重要になるのは、「目標管理」というマネジメント手法です。

これは「ＭＢＯ」（Management by Objectives and Self Control）とも呼ばれる、経営学者のドラッカーが１９５４年に提唱した組織マネジメントの概念です。

目標管理は、上司から一方的に指示して業務を遂行させるのではなく、社員一人ひとりが組織の目標について考え、自分自身で目標設定を行い、上司に承認をもらい、成果を出す、自分と組織の目標をリンクさせるセルフマネジメントの手法です。

上から目標を与えるのではなく、社員一人ひとりが何をすべきかを考え、自分自身で目標を決めるため、部下も「やらされ感」がなく、意欲的に仕事に取り組め、組織の成功に貢献し、自分自身も成長させることができます。

適切な目標さえ設定できれば、上司は進捗を管理し、成果を確認するだけで、部下は自発的に成長するので「マウスの動きを見張る」なんてことは、しなくてよくなります。

「考え方としてはわかるけど、そんなにうまくいくのかな？」

そんな風に考える人もいるでしょう。

たしかにその通りです。日本では約8割の企業がこの制度を導入しているのですが、残念ながらうまく運用できている会社は多くありません。しかし目標管理がうまくいっていない理由は、実ははっきりしています。それは次の2点だけです。

①目標を上から押しつけている
②達成基準が明確ではない

目標管理というのは、部下自身が目標を考え、自ら進んで実行する、セルフマネジメントの仕組みです。

ところが、そもそもの目標を上から押しつけてしまい、「自分自身で目標設定をする」という本来の姿から離れてしまっているケースが多いのです。

それでは部下は「やらされ感」を感じてしまって、意欲的に仕事に取り組むことはできません。自立心も芽生えず、成長させることもできません。

ＭＢＯを成功させるために大事なのは、「あなたのミッションは何ですか？」「それによって誰が喜んでくれるんですか？」「そのミッションを果たすために、今期どのような目標を設定しますか」「その目標をどうやって達成しますか？」と、ここまで説明してきたプロセスをきちんと踏襲《とうしゅう》することです。

達成基準については、すでに説明した通りです。ＭＢＯを導入しても「西をめざせ」的な不明確な達成基準を設定してしまうことが多く、目標を達成したかどうかわからない。そんなケースが多く、それでは目標を達成しても成果として認められず、部下のモチベーションアップにもつながりません。

「目標とは、与えられるものではなく、自分自身でつくるもの」

ドラッカー氏は、このようにいっています。彼がこの考え方を発表した１９５０年代は、肉体労働から知的労働へと人々の「働き方」が大きく変わる時期でした。

2020年代を生きる私たちも、やはり時代の転換点に立っています。

リモートワークによって、上司と部下のコミュニケーションの間に距離が生まれ、成果が極めて重要な評価指標になろうとしています。

「自分自身で目標設定を行い、上司に承認をもらい、成果を出す」

このMBOの考え方は、リモートワークに限らず、成果やセルフマネジメントがより重視されていくこの時代に最も適したものです。

社員一人ひとりが自分自身で目標を設定することによって、会社の中での「役割」に自覚的になり、何をすべきかを考えられるようになります。

それは今後の時代において、非常に大切なポイントになってくるはずです。

会社はあくまでも舞台、そこで何をするかは自分次第

「正解」は自分自身でつくる

昭和の時代は、会社員がやるべきことは決まっていました。大量生産、大量消費の時代でしたから、社員一人ひとりがやるべきことを考える必要もありませんでした。

部下「私は何をしたらいいんですか？」
上司「冷蔵庫をたくさんつくって」
部下「はい、わかりました」

極端なたとえですが、これでよかったのです。モノを大量につくることが「お客様

でした。

が喜ぶこと」ですから、言われたことを言われた通りにやることが望まれていた時代

今はもう、大量生産・大量消費の時代ではありません。「お客様が喜ぶこと」が多様化し、細かなニーズに対応していかなくてはならない時代です。

「私は何をしたらいいんですか？」と聞いているようでは、とても「お客様が喜ぶこと」はできません。上司にしても、実際は何をしたらいいのかわからないのです。

「こうしたらいいと思うんですけど、いかがでしょうか？」

今、どんな企業でも望まれているのは、こうした自発的な提案ができる人材です。

会社はあくまでも舞台です。そこで何をしたいのか、どんな役割をしたいのか、お客様にどんな喜びを提供したいのか、自分自身で考えなくてはいけません。

「私は何をしたらいいんですか？」

いちいちそう聞いている人は、通行人やエキストラしかやらせてもらえません。そ

れでも構わない人もいるかもしれませんが、それでは年収は上がりません。

主役をやりたいなら、自らオーディションに参加し役を勝ち取る。演出家になりたいのなら、どんな芝居にしたいのか周囲に提案する。照明係になりたいのなら、そのスキルをアピールする。大道具でも小道具でも、みんな一緒です。

その舞台を成功させれば、もっと大きな舞台ができるようになります。主役にはさらに大きなチャンスが訪れ、演出家や照明係もその道のプロフェッショナルとして、他の舞台からも声がかかり、業界で名を成していきます。

会社も同じです。あなたがやりたいことを実現する舞台なのです。

舞台と同じように、自ら役を勝ち取ったり、周囲に提案したり、スキルをアピールしなくてはいけません。そうしなければ、あなたの「役割」はなくなり、会社に必要のない人になってしまいます。

だからこそ「自分自身で目標設定を行い、上司に承認をもらい、成果を出す」が重要になってくるのです。

昭和は「大量生産・大量消費」の時代でした。言われたことを言われた通りにやっていれば、一億総中流で幸せになれました。

平成は「多様化」の時代でした。バブルが弾けて始まった混迷の時代です。終身雇用や年功序列にヒビが入り、会社に対しての信頼が失われ、集団主義から個人主義へと移行し、人々の価値観がどんどん多様化していきました。

令和は「個」の時代だと思います。価値観の多様化がさらに進み、何が正解かもわからない時代になっていると感じます。

経営者も上司も何をしたら「お客様が喜ぶこと」になるのかわからない。「お客様」自身も、自分が何を望んでいるのかわからない。そんな時代ではないでしょうか。

だからこそ、一人ひとりが考えなくてはいけないのです。

誰にも正解がわからない、それは誰にでもチャンスがあるということです。あなたがやりたいことが「正解」になるかもしれない。いえ、「正解」にするようにするのです。

目標とは、与えられるものではなく、自分自身でつくるものです。自ら目標を考え、財務の視点、顧客の視点、プロセスの視点、人材の視点で実現する方法を考える。時代が激変しているからこそ、革新の視点も大事になってくるでしょう。

それを上司が承認し、成功したら、あなたにはもっと大きなチャンスがやってきます。

会社はあくまで舞台です。そこで何をするかは自分次第です。

「舞台」は会社とは限らない

会社は舞台。そこで何をするかは自分次第。何をしたいのか、どんな役割をしたいのか、お客様にどんな喜びを提供したいのか、自分自身で考える。

こうした発想を持てれば、働き方もおのずと変わってきます。自分がやりたいことを実現するために、何をしたらいいのか、具体的に考えられるようになります。

ただし、「自分がやりたいこと」は、「会社がやりたいこと」とイコールになっていなくてはいけません。会社がやりたいこと、それが「ミッション」です。

時代劇の舞台なのに「私はＳＦファンタジーがやりたいです」といっても、それは承認されませんよね。

会社も同じです。会社には実現したい「使命」があり、そのために存在しています。会社のミッション、組織のミッション、自分のミッション、これらはすべて同じ方向を向いている必要があります。

会社のミッションに共鳴し、その使命を果たすために、個の力を最大限に発揮する。組織の一員として評価されるためには、こうした働き方をする必要があります。

ただし「自分は何のために働くのか」を見つめ直し、自分自身のミッションが会社のミッションと違った場合は、別の場所で実現するという選択肢もあります。

社会が多様化する中で、いかに「個」を高めるか。これが令和の時代において特に大切になってくる考え方だと思います。

あなたがやりたいことを実現する舞台は、今の会社だけとは限りません。

令和の時代は、働き方も多様化しています。自分自身のミッションと一致する会社を見つける、あるいは起業・独立して自分自身でつくるという方法もあります。

私もそうでした。私は前職で人事部長を務めていたのですが、人事という仕事を深めていくうちに、もっといろいろな会社の人事にたずさわりたいと思うようになりました。

「自分の経験とノウハウを活かして、『人を育てる仕組み』を提供することで、人を育てる志のある会社を応援していきたい」

それが自分自身のミッションであると考えるようになったのです。

「すいません、給料を下げていただいて構いませんので、他の会社の人事もやらせてください」

私は社長に自分の思いを伝えてお願いしてみました。でもそれは認められませんでした。現在は副業を認める企業が増えていますが、当時はまだ会社に勤めながら他社の仕事もする考え方は一般的ではなかったのです。

それでも私は、自分の使命を果たしたかった。自分のミッションが会社のミッションとズレているのなら辞めるしかありません。それで私は独立しました。

会社には「雇用契約」というものがあります。たとえば「人事権」というのは「どこでどんな仕事をさせるかを決める権利」です。「指揮命令権」という「あれこれしろと命令する権利」もあります。これは断れません。

「企業秩序定立権」という「ルールを決める権利」もあり、労働者にはそのルールを守らなくてはいけない義務があります。組織の中にいる以上は、会社の命令に逆らうことはできません。その中でどのように生きていくかを考える必要があります。

でも、会社の命令に従うだけが生きる方法ではありません。

「人にいわれたことをするだけでいいのか」「自分自身のミッションを果たしたい」、そう考えるなら別の道もあります。

会社のルールで認められるなら、副業をするという選択肢もあります。

アルバイト副業では金銭を得られるだけですが、自身のミッションを果たせるような仕事なら、今の会社の給与を減らしてもらっても、やってみる価値はあるかもしれません。それが認められない場合は、転職、独立・起業という方法もあります。

年収を上げるために大切なのは、年収アップを目的にしないこと。自分がやりたいことをするのが、年収アップの近道。第2章でそうお伝えしました。

働き方には、大きく分けて4つの道があります。そして、どの道を選ぶかによって、将来の年収がほぼ決まってきます。

次章では、キャリアビジョン・ライフビジョンを考えるうえで非常に大切になる「4つの選択肢」について、詳しくお伝えします。

第5章

年収1000万円にするには何をどうしたらいいのか！

これからの働き方は大きく4つに分かれる

働き方の「4つの選択肢」

これまでは、おもに正社員の年収についてお伝えしてきましたが、働き方の選択肢はそれだけではありません。契約社員、派遣スタッフ、アルバイト、パート、業務委託、フリーランスなど、さまざまな雇用形態・契約形態があります。

それらすべてを含めて、働き方には大きく分けて「4つの選択肢」があります。現在も、これからも、あなたはそのいずれかを選択していくことになります。そして、そのどれを選ぶかによって、年収の上限もほぼ決まってきます。

まずは、その「4つの選択肢」を見てみましょう。

①オペレーター

決められたことを指示通りに実行する働き方です。誰がやっても同じ結果が出ることが求められます。補助・育成クラスや自己完遂クラス、または契約社員、派遣スタッフ、アルバイト、パートなど、非正規雇用のケースが多いです。おもな職種の例として、販売職、一般事務、店舗スタッフ、工場のライン作業などがあげられます。

②オペレーティングマネージャー

決められたことを組織的に遂行する働き方です。上位組織から指示された目標を達成することが求められます。チーフクラス、プロジェクトリーダー・主任クラス、課長クラスなどが該当します。おもな職種の例として、営業マネージャー、チェーン店の店長、工場の職長、コールセンターのマネージャーなどがあげられます。

③スペシャリスト

専門的な領域で高い付加価値を出すことが求められる働き方です。医者や弁護士、クリエイターなど、起業・独立して自営するケースも多く、企業内で仕事を行う場合でも業務委託や有期雇用契約社員である場合があります。

③コア人材

組織やチームを率いて、創造や変革による高い付加価値が求められる働き方です。正社員が中心ですが、委任契約による年俸制の場合もあります。部長クラス、役員・本部長クラス、社長・上級役員クラスなどが該当します。

ただ、部長以上ではなくても、組織を巻き込んで新たな価値を創出したり変革を主導したりするのであれば、ここにあたります。

左の図は「4つの選択肢」を図に表したものです。働き方には「運用＝決められたことを決められた通りに行う」と「変革・創造＝新たな価値を創造する、これまでのものを大きく変革して価値を出す」「個人で成果を出していく仕事」と「組織・チームを通じて成果を出していく仕事」という4つのベクトルがあります。

図の左側にあたるオペレーティングマネージャーとオペレーターは決められたことを決められた通りに行う「運用」が求められる働き方、右側のコア人材とスペシャリストは、新しいものをつくる「創造」や物事を変える「変革」、それによる「付加価値」の提供が求められる働き方です。

人材ポートフォリオ

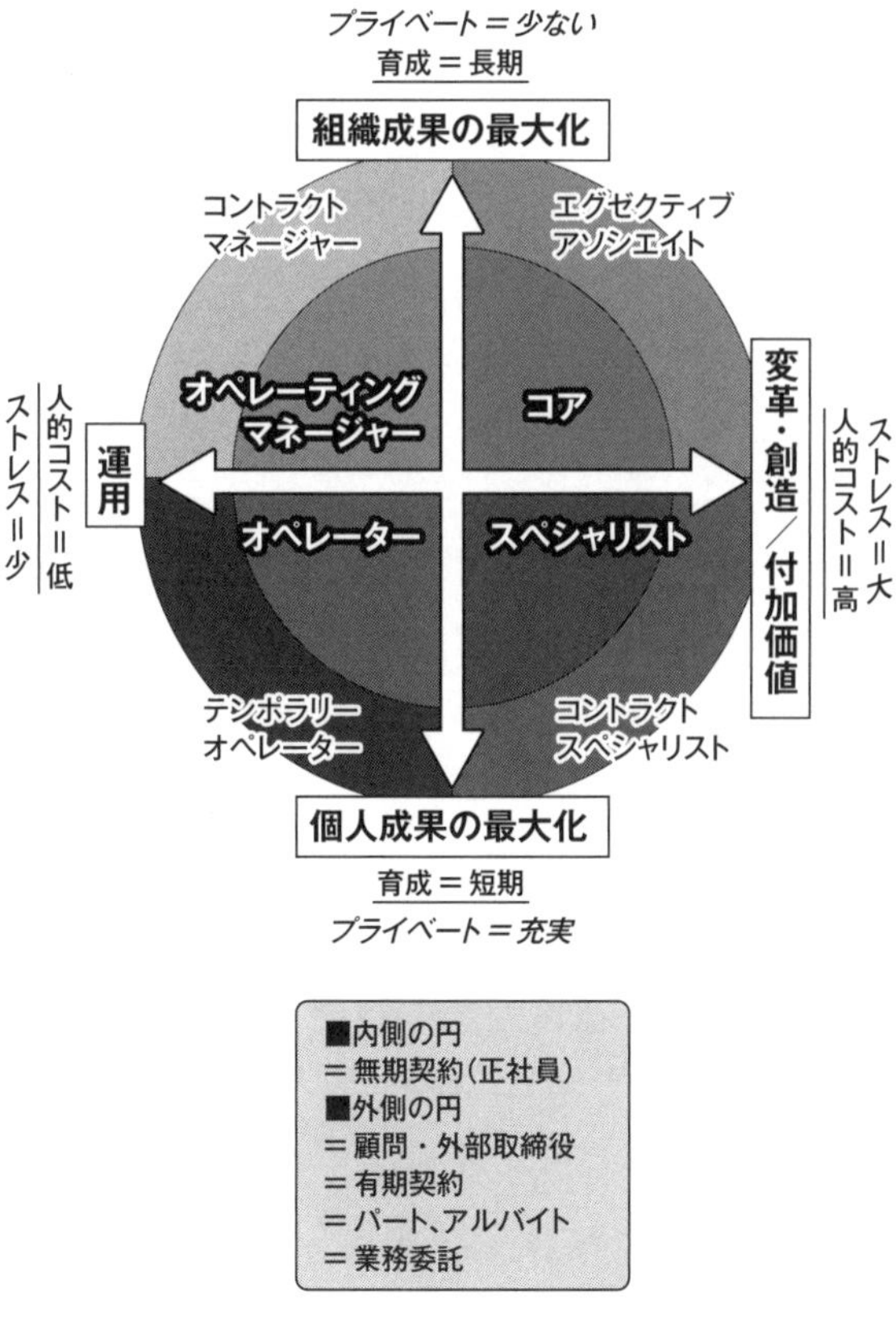

※「Works42」リクルート研究所2000年を基に著者が追記構成

図の上半分にあたるコア人材とオペレーティングマネージャーは「組織・チーム」の力によって成果を最大限にすることが求められる働き方、下半分にあたるスペシャリストとオペレーターは「個人」の力によって成果を最大限にすることが求められる働き方です。

これらの「4つの選択肢」のどれが偉いとか偉くないとか、どれが大変でどれが楽かということはありません。どの働き方にもそれぞれメリット・デメリットがあり、よい面もリスクもあります。

ただし、年収に限っていうと、どの働き方を選ぶかによって上限がほぼ決まってきます。年収1000万以上を望む場合には、図の「右側」を目指す必要があります。

「4つの選択肢」によって想定される、年収について詳しく見てみましょう。

「これからの働き方」によって想定される年収

①オペレーター　想定年収200万〜400万

正社員の場合は「育成期間」にもあたる時期です。指示されたことを指示されたとおりにできれば、年収は300万くらいになります。

報連相などの基本的なビジネスマナーを身につけ、お客様の情報収集を行い、自分のことが客観的に見られて、協調性があり、周りの人の気持ちがわかって、それなりの品質が保てて、頑張ろうという成長意欲があり、自分で考え自分で動け、誠実に対応できて、ルールやマナーが守れて、それなりのエネルギーがあり、人に教えることもできたら、年収400万くらいまではいけます。

ただし、これらのことができず、社会人としての常識が欠けているような場合は、正社員は難しく、年収200万、場合によって年収100万円代ということもあり得ます。

非正規雇用の場合は、働いた時間で給与が支払われます。働ける時間には、おのずと限界があります。時給1000円のアルバイトが時給3000円に大幅アップしたりすることも考えにくいため、年収としては300万くらいが上限となります。

専門性の高い派遣スタッフは時給3000円以上のケースもあるため年収400万、場合によっては500万まで行くこともありますが、それくらいが上限となるでしょう。正社員や契約社員であっても同様です。

②オペレーティングマネージャー　想定年収400万〜700万

小単位の組織を任される、いわゆる中間管理職です。言われたことを言われた通りにできたり、自分ひとりで仕事を完遂できるだけでなく、人に指示を与えて成果を出す仕事ができるようになると、年収400万円を超えてきます。


年収は、影響力の範囲に比例します。

チームやプロジェクト、課のメンバーに動機づけを行い、メンバーを巻き込んで目標を達成する、現状を改善する提案を行い、それが認められて成果につながり、責任を持つ人数が増えていくなど、任された組織の規模が大きくなるにつれ、より大きな影響力の発揮が求められ、その成果によって年収が決まってきます。

部下が3～5人なら年収500万、5～10人なら年収600万が目安です。課長クラスは、戦略策定をするなど、新しい価値創造や組織変革をする力を身につけないと700万くらいが上限です。それ以上は、部長クラスのスキルが必要となってきます。

課長クラスのスキルでも700万以上、会社によっては1000万以上の年収をもらっている人もいますが、リストラ候補になりやすい危険な状態です。より高いレベルのコンピテンシーを獲得して、マネジメント力をアップデートしないと、給与を下げられ、退職勧奨を受けるなど、現在の会社に残り続けることが難しい状況になるかもしれません。

③スペシャリスト　年収0～1000万以上

自身の専門性を活かした働き方です。医者や弁護士などの専門職は、専門性や付加価値が高くなるほど収入が高くなり、年収1000万を超える人が多くいます。

ただし、自営業は収入が不安定な面があり、専門技術が陳腐化する、顧客や社会の信用を失うなどの事態によって依頼がなくなれば、廃業ということもあり得ます。

たとえば最近の小学生が希望する職業ナンバーワンといわれる「ユーチューバー」も、年収5億円以上の人もいれば、毎月の収入が数万円、あるいはゼロという人もいます。Webデザイナーやプログラマー、エンジニアといった専門職のフリーランスも、誰がやっても同じ結果を求められるオペレーティブな仕事が中心の場合は、年収300〜400万、高くて500万といったケースが多いです。

1000万以上の高収入を得るには、希少価値の高い専門性を持ち、名指しで仕事が来る、「先生」などと呼ばれる業界でも一目置かれる存在になる必要があります。

④コア人材　年収700万〜1000万以上

部長や役員クラスなど、企業経営を行う幹部・幹部候補は年収700万以上となり、中小企業の社長でも年収1500万、大企業の社長なら何十億ということもあります。

組織の中で年収1000万以上を望むなら、部長以上を目指すことになります。部長クラス以上に求められるのは、ビジョンや戦略の策定や変革力です。

経済動向、景気、マーケットの状況を広く把握して、3年後、5年後の自社や自部門の姿を具体的に示す。前例や慣習にとらわれず、新たな取り組みを行うことによって組織改革や新規事業の創出を行う。考え得るリスクを想定し、その責任を負う覚悟や、たとえ抵抗があっても反対勢力に屈しない強さや信念が求められます。

また、いま部長でなくても、会社に新規事業など新たな価値創造を提案し、承認を得て、その事業で成功し、事業部や子会社を設立してトップになるなど、大きな成果を出せば、それはコア人材であり、高い年収も望めます。事業が成功すれば、ですが。

コア人材は、価値の創造や組織の変革に成功すれば、それに応じて高い収入を得られます。ただし、それができなければ、相応の負債を負うリスクがあります。

「4つの選択肢」に共通する大事なポイント

仕事や人生に対する価値観は人それぞれです。何を大事にするかによって、選ぶべき道は変わってきます。

収入や仕事のやりがいを重視するか、時間やプライベートを重視するかによって、これからのキャリアビジョン・キャリアプランも変わってきます。「4つの選択肢」のメリット・デメリット、得られる幸せやリスクについても考えてみましょう。

収入や仕事のやりがいを重視するのなら、コア人材かスペシャリストを目指すべきでしょう。社長や役員、幹部クラスになれば、年収1000万以上を実現できます。専門性を高めてスペシャリストとして独立し成功すれば、会社員の何倍もの年収を稼ぐことも可能です。

コア人材は、高い価値の提供によって組織や会社、世の中にも影響を与え、自身のミッションをより大きなスケールで実現することができます。事業が成功すれば、多くの人々を豊かにでき、自分自身も豊かな暮らしができるようになります。

ただし、高い年収を得られる代わりに「年収基準」で紹介したすべてのスキルや行動を身につけ、絶えず成長し、変化していくことが求められます。

永続的に新たな知識を吸収し、幅広い人脈をつくり、常に時代の動向に敏感でいることも当然とされます。

極端にいえば、オンとオフの区別なく、24時間、プライベートや、ときには健康面も犠牲にして仕事について考えているぐらいでなければ、過酷なサバイバルは勝ち残れません。ちなみにですが、コア人材は離婚率も高い傾向があります。

スペシャリストとして組織から独立すれば、「個人」としての自由な価値観を重視した、満足度の高い生き方を選ぶことが可能になります。

誰に命令されることもなく、やりたくないことは断り、自分自身で仕事を選ぶ自由も獲得することができます。

ただし、生活の安定性は失います。仕事が常に潤沢に来るとは限りません。同業種の専門家は、すべてライバルです。常にスキルアップする必要があり、生存競争はより熾烈《しれつ》になるでしょう。独立すれば、そのスペシャリティ以外にも、営業や経理なども必要になります。専門性を磨きながら、かつ総合力も身につけていかなければなりません。

コア人材もスペシャリストも、常に高い付加価値を生み出さなければ、多額の負債を抱えるリスクがあります。高い収入を得るには、相応の努力や代償をともないます。

オンとオフの明確な切り替えが可能で、家族や友人と過ごす時間や、趣味にかける時間を確保したいというプライベートを重視する価値観の人なら、オペレーターやオペレーティングマネージャーを選ぶ道もあるでしょう。

コア人材やスペシャリストになれる能力があっても、ワークライフバランスを大事にして、自主的にオペレーターやオペレーティングマネージャーとして幸せな人生を謳歌している人もいます。

オペレーターとして、どこでも通用する力があれば、どんな会社でも重宝されます。

オペレーティングマネージャーとして、コア人材をサポートすることで会社の中で確固たる地位を築き、家族とすごす時間を大切にしている人もいます。会社に万が一のことが起きても、負債を抱えるようなこともありません。

ただし、オペレーターの場合、仕事に求められるのは「誰がやっても同じ結果」なので、同じ仕事がもっと安くできる人や地域、国があれば、仕事はそちらに持っていかれてしまうかもしれません。

今後は、ＡＩやロボットに仕事を奪われることも増えていくでしょう。

オペレーティングマネージャーは、正社員の場合が多く、オペレーターより安定した収入を得られますが、組織内でのポジションを上げていかない限り、今後は昇給や昇格することがないかもしれません。

また、上と下の板挟みになり人間関係のストレスも大きくなりがちです。

多くの会社では「正社員＝コア人材候補」として採用しているので、オペレーターやオペレーティングマネージャーのままでいると、コア人材の見込みがないと判断されて、退職勧奨されてしまう危険性もあります。

「4つの選択肢」のどの道を選んだとしても、それぞれのメリットとデメリットがあり、それに応じた幸せやリスクがあります。唯一絶対の正解などはありません。

ただ、**ひとついえることは「今のままでいい」と考えていると、今後は年収が下がってしまう可能性が高いということです。**

常に変化が求められるコア人材やスペシャリストはもちろんですが、オペレーターやオペレーティングマネージャーにしても「いわれたことだけをやっていればいい」

という考えだと、仕事を失うことさえあり得ます。

第1章でお伝えしたように、日本の労働環境は激変しています。会社にいれば年収が上がっていた時代は終わり、給料が下がることが当たり前の時代が来ようとしています。成果が徹底的に重視され、会社の中のポストも減っていきます。

どんな職種やポジションであっても「4つの選択肢」の右側、つまり「変革・創造」を意識して仕事をしないと、現状維持すら難しくなるかもしれません。「変革・創造」というと難しいことのように思われるかもしれませんが、要は「よりよく変える」「新しいことをする」「お客様にもっと喜ばれることをする」ということです。

自分の価値を上げる

給与とは、会社や世の中に提供した価値の対価です。価値とは、誰かに喜ばれることです。その価値の量が大きくなればなるほど、年収も高くなっていきます。オペレーターであっても、オペレーティングマネージャーであってもそれは一緒です。

オペレーターは決められたことを決められた通りにすることが求められますが、いわゆるマニュアルの中だけで仕事をしていると、年収が200万に下がることもあり得ます。それは、提供している価値の量が少ないと判断されるからです。

その中で、自分なりの工夫や、よりよくする改善、効率化などを常にしていけば、年収は300万から400万円に上がります。

たとえば、アパレルショップ店員の中には、インスタグラムやツイッターを使ってSNSで情報発信を行い、自身のファンを増やしている人がいます。

きれいな写真や楽しい話を投稿し、お客様に喜んでもらってフォロワーが増えれば、お店の売上も上がり、自分自身の価値も上がります。

アルバイトであっても店長から認めてもらえれば、契約社員や正社員として雇用されるチャンスが生まれるかもしれません。他のお店からスカウトされることもあるでしょう。

仕事がより楽しくなり、さらにモチベーションが上がり、充実した毎日を過ごせるようになります。そして、結果的に年収も上がります。

社員であっても、それは一緒です。

たとえば給与計算ができるだけだと年収400万くらいですが、給与規程もつくる、給与チームのリーダーになって周囲を引っ張る、効率化して3人でやっていた仕事を2人でできるようにする、年間のミスの件数を減らす。このような改善ができると、年収500万くらいになってきます。

新しい給与計算システムを企画・提案・プレゼンするなど、新しい価値を生み出すことができ、給与計算のスペシャリストになれば、年収600万程度も期待できます。

この「変革・創造」＝「よりよく変える」「新しいことをする」「お客様にもっと喜ばれることをする」こそが、仕事を楽しくし、年収を上げ、より豊かで幸せな人生を送れるようになる、極めて重要なポイントです。

「お前は何のために働いているんだ？」

私は今でこそ、こんな偉そうなことを書いていますが、20代の頃はまるでやる気のないサラリーマンでした。

当時は求人広告の営業をしていたのですが、仕事が大嫌い、営業も大嫌いで、頑張らなきゃいけないと思いながらも頑張れなかった時代がありました。

仕事が嫌で仕方なく、駅のホームに立っていると「このまま飛び込んだら楽になるかな」などと考えることさえありました。そんなある日、上司にこう聞かれたのです。

「お前は何のために働いてるんだ？」

私は「家族のためです」と答えました。私にとって仕事は嫌なものでしかなく、生活のために仕方なく働いているだけだったので、モチベーションはお金しかありませんでした。

「他に何かあるんですか？」

私がそう尋ねると、上司は力強い口調で言いました。

「俺は求人広告を通じて、企業と人を結びつけて、世の中に貢献するために働いているんだ」

なに言ってるんだ、このオッサン。それが当時の率直な感想でした。そうなれたらいいなとも思いましたが、そんなのできるわけないじゃん、と。それが28歳の頃でした。

その後、私は転職して人事の仕事に就きました。人事というのは、給与や評価など、社員一人ひとりの生活や人生に密接な関わりを持つ仕事です。

転職先の会社にはしっかりした経営理念がありました。その理念に共感して集まってくる社員がほとんどで、意欲的な人材が揃っていました。

ところが、理念は立派でも、それを具体化する人事施策が何もなかったので、会社が言っていることと、実際にやっていることに大きな矛盾がありました。

社員の評価基準が曖昧で、若手に厳しく、ベテランに甘い。経営層は「若手を育てなきゃいけない」「人材育成が大事なんだ」といっているわりには、教育制度もなく、キャリアステップも不明確。だから若手が次々に辞めていきました。

「こんな状況は変えなきゃいけない」

激しい危機感を覚えた私は、上司と共に「うちの会社って本来こうあるべきじゃないでしょうか」と何度も話し合いをした末、初めて評価制度を導入しました。

給与制度ともリンクさせ、現場で頑張っている若手がきちんと評価を受け、それに見合った報酬をもらえるように社内の仕組みを大きく変えました。

すると、20%を超えていた離職率が半分まで激減したのです。業績も伸び、採用力も上がり、会社が劇的に変わりました。

若手はもちろん経営層も喜んでくれ、社内の雰囲気が一気に明るくなりました。

「誰かが喜んでくれるのって、こんなに嬉しいことなんだ」

私はしみじみ実感しました。そうした経験を積み重ねていくうちに「自分の仕事を通じて社会に貢献したい」と語った、かつての上司の気持ちも理解できるようになり、仕事が嫌なものではなくなってきました。

やがて私は「もっと多くの会社の役に立ちたい」「自分の経験やノウハウを活かして人を育てる志のある企業を応援したい」と考えるようになり、2社で人事部長を務めた後、フォー・ノーツという現在の会社を立ち上げ、独立しました。

よりよく変える・新しいことをする・お客様にもっと喜ばれることをする

やる気のなかった営業マン時代の私は、上司に言われたことを言われた通りにやっているだけだったので（それさえも十分にできていなかったかもしれません）、仕事が全然面白くありませんでした。

でも人事の仕事に就いて、会社の制度をよりよく変えようと思ったことで、働き方が大きく変わりました。よりよく変える、新しいことをする、お客様にもっと喜ばれることをする。これは今でも私のモチベーションになっています。

どんな仕事にも、そんな「4つの選択肢」の右側を向く瞬間があるはずです。

いわれたことをいわれた通りにやるだけでなく、「もっとよくしよう」「新しいことをしてみよう」「お客様に喜んでいただけることをやってみよう」と考える。

そういうスイッチが入ると、働き方が変わります。

生活のため、家族のため、お金のためだけに仕方なく働いていても、仕事は楽しくなりません。モチベーションも上がりません。

会社に入って「なんで売上を伸ばさなくてはいけないんですか?」と上司に聞いても、「上に言われてるんだから仕方ないだろう」とか「うちのローンを払うためだよ」という答えしか返ってこなかったりします。

上司の家のローンを払うために、頑張ろうという気にはなれません。

だからこそ、管理職のみなさんには「働く目的」を部下にきちんと伝えていただきたいですし、働く人自身にもきちんと考えていただきたいのです。

「もっとよくしよう」「新しいことをしてみよう」「お客様に喜んでいただけることをやってみよう」と考え、あなたが実行することで喜んでくれる人が必ずいます。

誰かが喜んでくれたら、あなた自身も嬉しいはずです。

そういう瞬間を増やし、どんどん実行に移していくことで、仕事も充実し、自分も楽しくなり、年収もアップします。

お客様や仲間、会社に認められれば、より大きな仕事を任されることになります。

「どうすればお客様に喜んでいただけるのか」

「どうすれば売上が上がるのか」

そういうことが見えてくれれば、ほかの職場でも通用する力＝「辞める力」を身につけることができます。

そうなると、会社側も辞めてほしくないわけで、もっとポジションを上げようとか、待遇をよくしようと考えるようになります。

今の会社で上をめざし、コア人材になるのもいいでしょう。スキルを磨いてスペシャリストになるのもいいでしょう。オペレーティングマネージャーやオペレーターとして、自分をもっと磨き、必要としてくれる職場に移るのもいいでしょう。

「変革・創造」＝「よりよく変える」「新しいことをする」「お客様にもっと喜ばれることをする」を実行していくことによって、人生の選択肢は大きく広がります。

あなたは「何屋さん」ですか？

自分の仕事を定義しよう

これからの働き方として、もうひとつ大事なポイントは、自分は「何屋さん」なのかをハッキリと定義することです。

会社で上を目指すにしても、転職するにしても、独立するにしても、自分は「何ができる人」なのか＝「何屋さん」なのかを明確にしておくことはとても大事です。

これはセルフブランディングの第一歩です。多様化した社会で「個」を高めていくためには、まず自分が何者なのかを示す必要があります。

その「○○屋さん」としての価値が認められ、成果を出していけば、会社や世の中から「その道のスペシャリスト」として、さまざまな依頼が来るようになります。

たとえば、社内で新しいプロジェクトを立ち上げるときには「この仕事って誰ができるんだっけ？」という話になります。そういうときに必ず名前が挙がるのは、社内のスペシャリストとして名前が知られている人たちです。

「企画なら○○さんだよね」「物販なら○○さんがすごいらしいよ」

このように「○○ができる人」＝「何屋さん」なのかが明確になっている人は強いです。仕事はもちろん、その人自身の価値が認められ、たくさんのチャンスが舞い込み、その専門性の希少価値が高ければ高いほど、年収も高くなっていきます。

転職する場合でも「何ができる人なのか」は必ず質問されます。明確な答えができない人は、まず採用されません。どの企業も「〇〇をやってほしい」という明確なニーズがあり、それができる人を探しているのです。

逆にいえば、「何屋さん」が明確になっていて、確実にその仕事ができる人は、どんな会社に行っても成功できます。第1章で「部長のプロならどこに行っても通用する」という話を紹介しましたが、それは課長でも一緒です。

課のミッションがつくれ、目標設定ができて、その人に任せれば絶対に目標達成するという「課長屋さん」だったら、採用する会社はたくさんあります。

私だったら「人事屋さん」です。人事制度が構築できる、採用に関する知見がある、勤労・労務などの法律知識があるなど「人事ができる」と認識してもらっているから、いろいろな会社の人事のお手伝いをさせていただいたり、研修の講師を依頼されたり、このように本も書かせていただいています。

営業のプロ＝「営業屋さん」として名前が知られ、さまざまな企業で講演をしたり、本を書いてベストセラーになっている人もたくさんいます。

経理の仕事を極めて「経理屋さん」になり、CFO（最高財務責任者）まで昇りつめれば、東京の大手企業なら年収2500〜5000万、中小企業でも年収1500〜2000万になるといわれています。

この「何屋さん」は、何でもいいのです。「○○屋さん」として周囲から認められるようにスキルアップを続けていけば、あなたの価値は間違いなく上がります。

「○○のことなら、あの人にお願いしたい」

そう指名されることは「誰がやっても同じ結果が求められる仕事」「いわれたことをいわれた通りにする仕事」から「あなたしかできない仕事」に移行できたことを意味し、「あなた自身の価値」が認められた証拠です。

自分は何屋さんかを定義する。これは会社で上を目指す場合でも、スペシャリストとして起業・独立する場合でも非常に大事なポイントです。

その分野で成功している人はいるか？

「何屋さん」を極めてスペシャリストの道を歩むとしたら、ひとつ留意していただきたいことがあります。それは「成功モデルはあるか？」ということです。

自分が目指す専門分野においてトップの人が、たとえば年収1000万以上だったら、その分野にはそれだけのニーズがあり、自分もそこまで行ける可能性があるということになります。

また、その人と自分を比べてみて「自分に頂点を極められる可能性はあるか？」と冷静に考え、その道に進むことを踏み止まることもできます。

いばらの道であることを覚悟して、あえて挑戦するという選択肢もあります。いずれにしても、まずは客観的に状況を知っておくことは大事です。

ミュージシャンやダンサー、スポーツ選手、画家や作家なども頂点を極めれば、大成功を収めることができます。しかし、その道はいばらの道です。どこかで、別の道を選択しなければならなくなるかもしれません。その見極めも時には大事です。

では、成功モデルがない場合は、どうしたらいいのでしょうか？

ハイリスクであることは間違いありません。
成功モデルがないということは、ニーズがないか、その道に進んでも成功できない可能性が高いことを意味しています。

しかし、第3章の「希少価値のある専門性」で解説したように、社会的に極めて高い希少価値を有しており、その分野の第一人者として認知されるようになると、その人の価値や影響力は何十倍もの大きさになります。
成功モデルがないのは、逆にハイリターンのチャンスでもあるのです。
その道で成功すれば、その専門分野の第一人者として日本、もしかしたら世界のトップに立てるかもしれません。

現在はユーチューバーとして成功すると何億もの収入を得られることが常識になっていますが、数年前まで誰もそんなことは想像もしていなかったはずです。

どんな道を選んだとしても、リスクはあります。だったら、自分が本当にやりたいことを選んで、覚悟を持って突き進むことがベストな選択肢になるのではないでしょうか。

令和は「個」の時代です。価値観の多様化がさらに進み、何が正解かもわからない時代を私たちは生きていきます。

最終章では、そんな時代を賢く生き抜くための「働き方」のポイントをお伝えします。

第6章

薄氷の時代を賢く生き抜くために覚えておくべき「働き方」のポイント

「自分の給料は自分で決める」という考え方

会社と社員は、雇用主と個人事業主のような関係に

前章で「自分は何屋さんなのか定義することが大事」とお伝えしましたが、実はそれにはもうひとつ理由があります。今後、会社と社員は「雇用主と個人事業主」のような関係に変わっていくことが予想されるからです。

本書の冒頭でお伝えしたように、多くの企業が年功序列制度を維持できなくなり、黒字リストラが増えています。要は、できるだけ人件費を減らしたいのです。

人件費は、売上や利益にかかわらず、絶対に必要となる固定費の最たるものです。それを変動費に変えることができれば、会社を維持しやすくなります。成果主義やジョブ型の導入は、業績を極大化し、人件費を適正化する苦肉の策でもあるのです。

とはいえ、成果で社員を評価するだけでは多くの人員を削減することはできません。早期・希望退職を募っても、応募があるとも限りません。そうこうしているうちに、社員の高齢化はどんどん進み、さらなる人件費がかかってきます。

今、こうした事実に多くの企業が気づき、生き残りをかけて人事制度の見直しに取り組み始めています。

次に考えられるのは、社員のアウトソーシング化です。いわゆる正規雇用ではなく、雇用主と個人事業主のような契約関係にすれば、さらに固定費は抑えられます。

体脂肪計で国内シェア首位の健康機器メーカー「タニタ」は、2017年に社員が「個人事業主」として独立するのを支援する、新しい働き方の制度を導入しました。

個人事業主として独立した社員には、タニタで取り組んでいた仕事を「基本業務」として引き続き依頼し、それまで社員として得ていた収入を確保する。基本業務に収まらない仕事は「追加業務」として依頼し、成果に応じて別途「成果報酬」を支払う。タニタ以外の仕事を引き受けるのも自由だといいます。

この制度の発案者である谷田千里《たにだせんり》社長は「働き方改革＝残業削減」という風潮に疑問を抱き、働きたい人が思う存分働けて、適切な報酬を受け取れる制度をつくりたいと考え、この「社員の個人事業主化」という制度を導入したといいます。

（参考：日経ビジネス　２０１９年7月18日）

このように、人員削減という目的以外にも、成果に見合った適切な報酬を社員に払いたいと考えている企業は多くあります。「社員の個人事業主化」という、この新しい働き方を推進する企業は今後もっと増えていくでしょう。

そこで大事になるのが、あなたが「何屋さん」かということです。

会社から仕事が「発注」され、個人事業主として「受注」する雇用形態になると、「あなたは何をできる人なのか」ということが厳密に問われてきます。

独立した当初は、それまで社員としてやっていた仕事を受注できたとしても、その状態がずっと続くとは限りません。

新規案件に関しては、選抜型の依頼になるでしょう。

そうなったときに強いのが、「営業屋さん」「企画屋さん」「経理屋さん」など、自分ができることを明確にしているスペシャリティの高い人たちです。「何ができるのかわからない」という人には、残念ながら仕事は回ってこなくなります。

だからこそ、自分は「何屋さん」なのかを定義し、年収基準に見合ったスキルを獲得できるように研鑽《けんさん》を続けていくことを今後の目標にしていただきたいのです。

自分に値段をつける

会社と社員が「雇用関係」ではなく「契約関係」になったとき、もうひとつ重要になるのが値段交渉です。

自営業やフリーランスは、クライアントに対して「私はこういうことができます。値段はこれくらいです」といって成果や報酬を自分自身で決めて交渉します。

クライアントが提示するケースもありますが、その場合も能力や実績などをベースに、提供される成果に見合った報酬が示され、値段交渉をすることになります。

会社員の場合、給与が決まっていて自動的に振り込まれるので、こうした交渉に慣れていません。どんな金額で交渉すればいいのかわからない人も多いでしょう。

会社と社員の関係が、雇用主と個人事業主のような関係になったら、会社にとって、あなたは「商品」になります。商品である以上、自分の商品価値をちゃんと理解したうえで、適切な値段をつけなくてはいけません。

本書の第3章で紹介した「ジョブサイズ」の計算表は、こうした時代に備えて自分の市場価値を客観的に知ってほしいと思ってつくったものでした。

たとえ会社と社員の関係がそこまで進まなかったとしても、自分の商品価値を認識しておくことは重要です。

転職する場合でも、起業・独立する場合でも、絶対に必要になってきます。

私はこうした時代の変化を恐れる必要はないと思っています。

会社員の多くが自分の給与に不満を持っています。それは他者に決めてもらっているから不満になるのです。自分ができる仕事と出せる成果、それに見合った報酬を提示して「年収800万円ください」と会社に交渉する。

このような働き方ができる人は、必ず高く評価され、年収も上がります。実際、欧米などではこうした方法でキャリアアップしていくのが一般的です。

仕事内容にしても同じです。

従来型の雇用制度の会社であっても、リモートワークや成果主義の導入によって、今後はセルフマネジメントできる人材が強く求められます。

これはチャンスでもあるのです。

会社から与えられた仕事をこなすだけではなく、自ら提案し、実現し、成果をあげれば、働くことが面白くなります。

仕事が面白くなり、希望する年収をもらえる。

これは理想の働き方ではないでしょうか。「この仕事をするから1000万円ください」でも「これはやりたくないから400万でいいです」でもいいのです。

自身が提供する価値に見合った値段交渉ができるようになれば、ビジネスパーソンとして最強の武器を手に入れたことになります。

いつでも独立できる。転職できる。

そう思えるようになれば、今の会社にしがみつく必要もなくなります。今の会社で高く評価されれば残るし、評価されないなら他に行けばいい。そういうスタンスで働いていれば、逆に会社の方から高待遇を提示してきます。

より面白い仕事と高い報酬を求め、会社を転々とする「フリーランスのサラリーマン」のような生き方も、今後は増えていくのではないでしょうか。

フリーのサラリーマンなら、起業・独立よりリスクも低く、負債を抱えたりすることもありません。会社員のように永続的な人間関係のストレスからも解放されます。

多くの選択肢を手にする第一歩として、まずは自分が「何屋さん」かを定義し、市場価値を確認し、自分という商品に値段をつけることから始めてみましょう。

人気者でなく「評判のいい人材」であれ！

「あの人、いい人なんだけど仕事できないよね」

組織の中で生きていくにせよ、フリーランスとして生きていくにせよ、大事になってくるのは人間関係です。

ＳＮＳの影響なのか、近年は空気を読むことばかりが重視され、流行語になった「忖度」もビジネスパーソンにとって欠かせないものになっています。もちろん仕事をするうえで、空気を読むことも忖度も大事ですが、問題はそのバランスです。

周囲に忖度ばかりしていると八方美人になってしまい、人としての信頼が得られません。空気を読んで職場の人気者になっても、それだけでは年収は上がりません。

「あの人、いい人なんだけど仕事できないよね」

どの職場にもそういう人はいますよね。憎めない人であることも多いのですが、今後の厳しい時代を考えると、生き延びていくのは難しくなってくるでしょう。

目指すべきは、人気者でなく、仕事もちゃんとできる「評判のいい人材」です。

「いい人」であることと「仕事ができる人」のバランスの参考にしていただきたいのが、マネジメントと年収の相関関係を表した次ページの図表です。

マネジメントは、管理職だけに必要なものではありません。たとえ新人やメンバークラスであっても、自分自身を自己管理できるマネジメントスキルが求められます。

人に関するヒューマンマネジメントと、ＰＤＣＡを回すタスクマネジメント、これは仕事をするうえで、どんな人であっても大事になることです。

人に関するヒューマンマネジメントは、協調性（周囲と協調する）→主体性（自ら動く・周囲を引っ張る・メンバーをまとめる）→育成（人を育てる）というステップで周囲への影響力を高めていくことが年収アップのポイントになります。

自身の自己管理から始まり、チーフになると3人程度、プロジェクトリーダー・主任クラスになると5人程度、課長クラスになると10人程度の管理と、管理する人員数が増え、それによって年収も上がっていきます。

チーフクラス以上は、「協調性」だけでなく、チームを引っ張る「主体性」や人を育てる「育成」が求められるようになり、その影響力の範囲が年収に反映されます。

一方、タスクマネジメントでは、新人・メンバークラスは、まずは自身のＰＤＣＡ

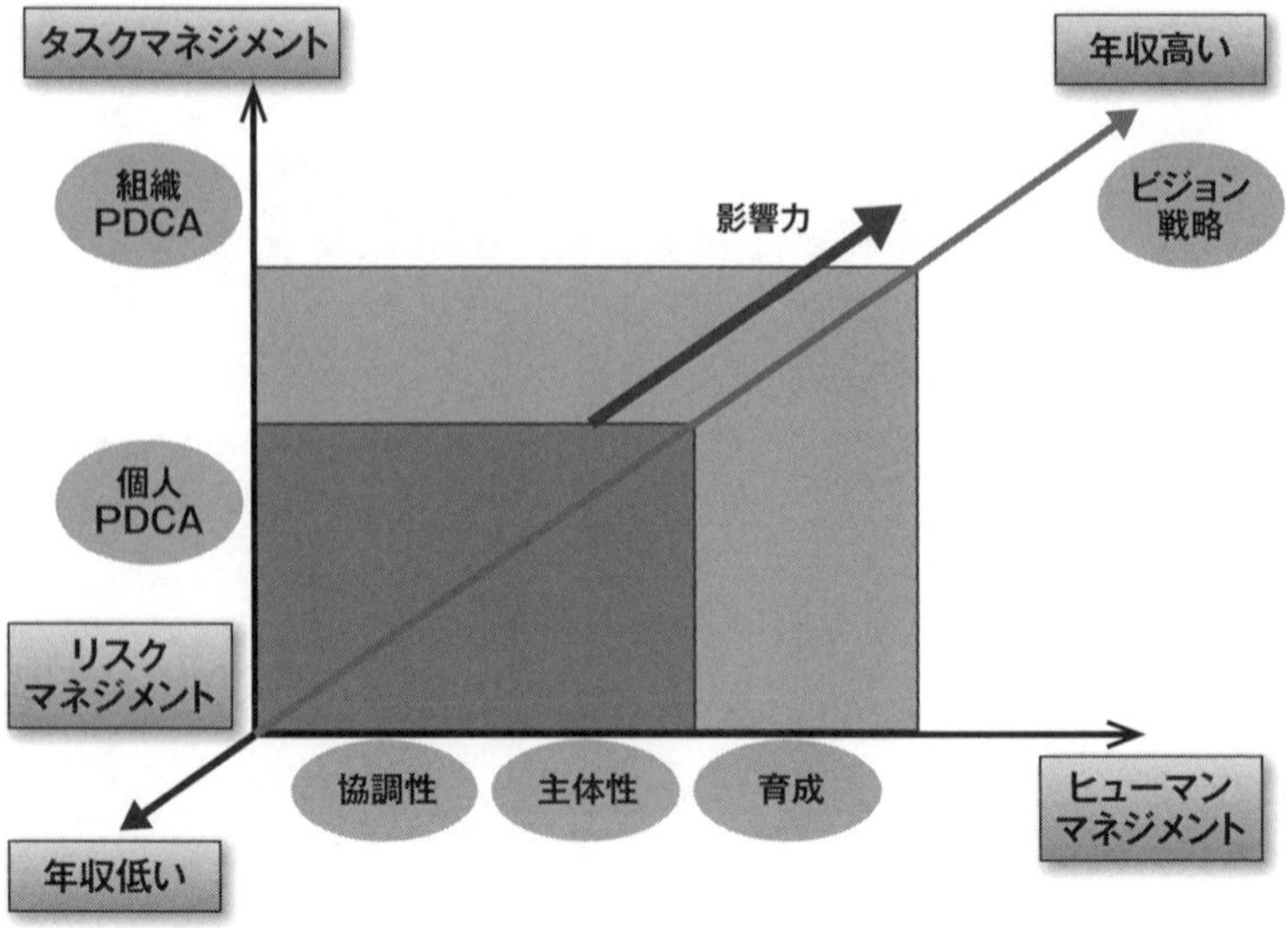
タスクマネジメント
年収高い
組織
PDCA
影響力
ビジョン
戦略
個人
PDCA
リスク
マネジメント
協調性
主体性
育成
ヒューマン
マネジメント
年収低い

を一人で回せるようになることが求められます。

チーフクラス以上は、「個人」から「組織」レベルのＰＤＣＡを回すことが求められ、その規模が大きくなることによって、年収は上がっていきます。

つまり前ページの図の横軸（ヒューマンマネジメント）と縦軸（タスクマネジメント）が示す面積が大きければ大きいほど、年収も大きくなるわけです。

ヒューマンマネジメントはできるけれど、タスクマネジメントはできない。こういう人が「あの人、いい人なんだけど仕事できないよね」といわれがちです。

「あの人、いい人だけど、納期を守らないよね」「計画がずさんだよね」「目標達成できないよね」、こんな風に評価されてしまうのは、やはり問題です。

どんなに部下に人気のある「いい人」であっても、組織レベルのＰＤＣＡを回せないと、管理職としての評価は低くなり、年収も上がりません。

「あの人、仕事はできるけど、絶対一緒に仕事したくないよね」

一方で、「あの人、仕事はできるけど、絶対一緒に仕事したくないよね」と部下や周囲から徹底的に嫌われてしまう人もいます。

成績は優秀だけど、部下の面倒をまったく見ない。自分のレベルだけで物事を考え、達成不可能な目標を部下に与える、パワハラやセクハラまがいの言動が多い……。

これはこれで、やはり問題です。たとえ成果主義が導入されても、管理職の評価は個人の業績だけで決まるわけではありません。人を育てることも重要な仕事です。

バブル崩壊後に多くの企業が成果主義を導入したときは、個人の数字や売上だけを重視したため、上司が自分の業績だけを上げることに邁進《まいしん》し、部下が育たない、スキルや経験が継承されない、人心が荒れるなど、さまざまな問題が起こりました。

今後、成果主義が導入されたとしても、多くの企業はこの反省を踏まえ、個人の数字や売上だけを評価指標にはしないはずです。

タスクマネジメントはできるけれど、ヒューマンマネジメントはできない。こういう人も、高い評価は得られず、年収が下がります。

また、マネジメントに求められるのは、ヒューマンマネジメントとタスクマネジメントだけではありません。

組織のビジョンや戦略を策定する「リーダーシップ」や、人・モノ・カネ・契約・情報などのリスクを管理する「リスクマネジメント」も求められます。

リスクマネジメントで重大なミスを犯すと、年収が下がるだけではなく、最悪の場合、懲戒解雇されることもあり得ます。

パワハラやセクハラまがいの言動は、特に注意が必要です。

2019年5月には、パワハラを防止するための「パワハラ防止法（改正労働施策総合推進法）」が成立しました。大企業では2020年6月1日から、中小企業では

2022年4月1日から、パワハラ防止のための措置が義務づけられました。これによって必要な措置を講じていない企業は、是正指導の対象となります。

部下を育てるためには、ときには厳しく注意することも必要です。それが相手のためを思ってやっていることだと客観的に判断できれば、人事はパワハラとは考えません。

しかし「ストレスが溜まっていたから」「ムカついたから」など、自分のためだけに部下を叱責《しっせき》したり、同僚に悪意のある行動を取った場合にはパワハラと判断します。

セクハラも、「男女雇用機会均等法」第11条によって、防止措置をとることが事業主に義務づけられています。

セクハラの行為者は、懲戒処分の対象となり、社内での信用や地位を失います。また、行為者だけでなく、企業としての社会的信用の失墜も招くことになります。

ただ、セクハラには、明確な基準はありません。

たとえば、女性社員に「髪型を変えたね」「今日の服かわいいね」と声をかけただけでも、相手が不快に感じたら、それはセクハラに当たります。「○○ちゃん」と呼ぶだけでも、セクハラになるかもしれません。

それがどのような場面で起こるかというと、「自分はこの女性と仲がいいんだ」「俺は好かれているんだ」「だから許されるんだ」という間違った自己認識をしている場合です。

こうした「勘違い」が、セクハラ事件を引き起こしてしまうのです。

セクハラは法的責任を問われる可能性が高く、適切な防止策や相談対応をしなかった事業主も、民法上の責任を負うことがあります。

そうなった場合、あなたのキャリアにとって一生残る致命傷となります。人に嫌われるのも、程度問題です。くれぐれも注意してください。

「ＰＭ理論」で自分のタイプをチェック

ヒューマンマネジメントとタスクマネジメントのバランスは難しい問題ですが、もうひとつ参考になる考え方があります。

私が管理職研修でよく使っている「ＰＭ理論」というものがあります。これは社会心理学者・三隅《みすみ》二不二《じゅうじ》さんが１９６６年に提唱したリーダーシップ行動論のひとつです。

「ＰＭ理論」とは、リーダーシップは「目標達成能力（Performance）」と「集団維持能力（Maintenance）」の２つの能力要素で構成されるとして、組織のリーダーのタイプを４つに分類したものです（次ページの図参照）。

横軸が「人の気持ち」＝ヒューマンマネジメント、縦軸が「成果」＝タスクマネジメント、そのバランスで４つのタイプに分けられます。新人やメンバークラスの人も将来の参考になるはずです。自分はどのタイプなのか、チェックしてみましょう。

PM（説得型）

目標を明確に示し、成果をあげられるとともに、集団をまとめる力もあるタイプです。「なんでやるかわかるか?」と目標達成の意義を伝え、「やったか?」と進捗もきちんと管理し、「できたな、よかったな」と部下の気持ちのメンテナンスもできます。目標達成と集団維持、どちらの能力もある理想的なリーダー像といわれています。

Pm（指示命令型）

目標を明確に示し、成果はあげるものの、集団をまとめる力は弱いタイプです。パフォーマンスにうるさく、人の気持ちはあまり考えません。「仕事の意味? いいから、まずやれ!」「手を動かせ!」「おい、やったか?」のような管理職です。「あの人、仕事はできるけど、絶対一緒に仕事したくないよね」はこのタイプに多いです。

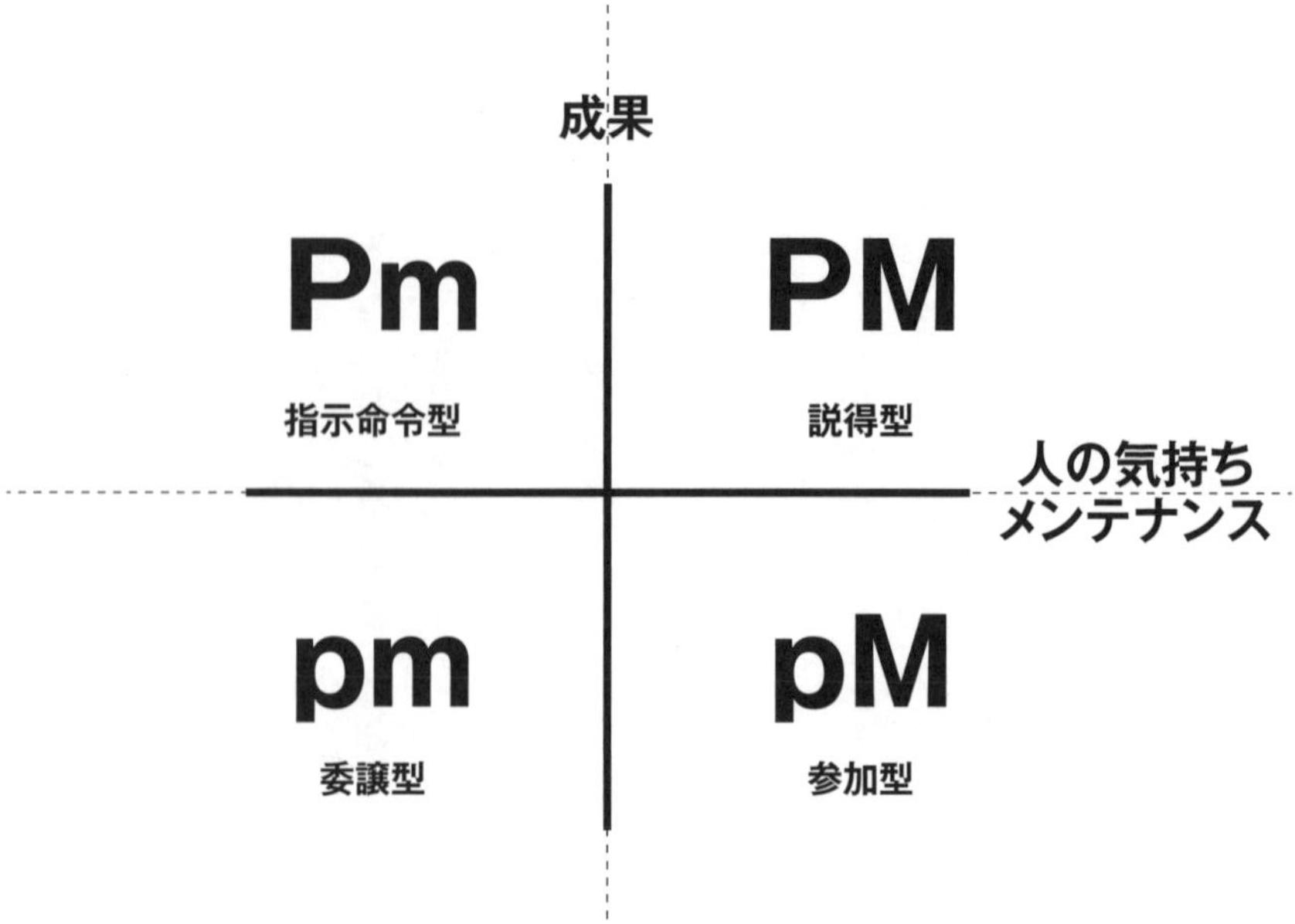
成果
Pm
指示命令型
PM
説得型
人の気持ち
メンテナンス
pm
委譲型
pM
参加型

pM（参加型）

集団をまとめる力はあるものの、成果をあげる力が弱いタイプです。パフォーマンスにはあまりうるさいことをいわず、人の気持ちだけを見ています。「元気？　最近どう？」「飲み行こうか」みたいな管理職です。部下から人気はありますが、「あの人いい人なんだけど、仕事できないよね」といわれがちなタイプです。

pm（委譲型）

成果をあげる力も、集団をまとめる力も弱いタイプです。「よきにはからえ、くるしゅうない」と、部下に仕事を丸投げして、気持ちのケアも特にしません。目標達成と集団維持、どちらもできない・しない管理職です。

一般的には、理想的なリーダーは説得型、ダメなのは委譲型といわれています。ただ、部下のタイプや成長度合いによっては、必ずしもそうとは言い切れません。

部下が新人の場合は、「つべこべいわず、とにかくやれ」「いいから皿洗えよ」といった、指示命令型のほうが、新人の成長が速かったりもします。

部下がチーフなどに成長している場合は、すでに目標の意味も理解し、放っておいても成果が出せるくらいに自立していたりするので、説得型の「なんでやるかわかるか?」といった話は鬱陶《うっとう》しく感じられたりもします。

成長した部下には、むしろ「飲み行こうか」といった参加型のアプローチのほうが心地よかったりもしますが、仕事の目的も理解し、心のケアもできている部下には「飲み行こうか」といっても「いや、忙しいんで」と断られることも多いです。

いっそ「すべて任せた」「何か困ったことがあったらいってね」といった委譲型の放任主義のほうが、伸び伸びと仕事ができて、部下は成果を出しやすかったりもします。

結局、どれが正しいのかというと、残念ながら正解はありません。マネジメントやコミュニケーションのスタイルは、相手によって変える必要があるのです。

仕事ができる部下に「なんでやるかわかるか?」「やったか?」と、いちいち説明や確認をしたりしても、「勝手にやるから放っといてくれよ」と思われるだけです。かといって、仕事ができない部下に対して「よきにはからえ、くるしゅうない」といって、放置しているだけでは、部下は何もせず、成長もできません。

相手や状況を見極め、ＴＰＯをわきまえた適切な言動ができる。こういう人が「評判のいい人材」といえるでしょう。

人には、持って生まれた資質やパーソナリティがあります。さまざまなコミュニケーションの方法を使い分けるのはかなり高度なスキルですが、苦手なマネジメントの方法もある程度ケアをしておくことは大切です。

コア人材やスペシャリストとして高い評価を得ている人は、自分の弱みが致命的にならない程度に克服し、「強み」をより伸ばすことに注力しているものです。

まずは自分がどのタイプなのかを認識し、自分に欠けている要素を客観的に理解しましょう。

そして自分が「指示命令型」だったら、正反対の「参加型」を意識してみる。「説得型」だったら、相手によっては「委譲型」を取り入れてみる。このようにしてマネジメントやコミュニケーションの幅を広げていくのです。

最初はすぐにうまくいかなくても、部下も同僚も上司も、人の変化は意外とよく見ているものです。

「自分を変えよう」「もっと成長しよう」としている人は必ず評価されます。

自分の仕事は自分で見つける時代が来る

会社のことを「自分ごと」として捉える

これまでお伝えしてきたように、私たちは「正解」のわからない時代を生きています。「会社は私にどうして欲しいのか求める」といった受け身の姿勢では、今後はもう高い評価は得られなくなります。

今後、より必要になってくるのは**「組織のことを、自分ごととして捉え、ゴールと貢献を探す」**といったセルフマネジメントの視点です。

たとえば、「会社の売上が伸びない。上の施策が悪いんだ」ではなく、何が原因なのかを自分で考え、仮説を立て、課題を自分自身でセットする。

「それは自分の仕事じゃありません」と他人ごととして捉えるのではなく、自分ごととして考え、「それって俺がやったほうがいいんじゃないの？」「いや、チームをつくってやったほうがいいか」など、多角的な視点で組織に貢献する方法を考えてみる。

「上司が認めてくれません」ではなく、上司に認めてもらえなかった理由を考え、視点を変えて、ミッションと目標を立て直してみる。

組織の仕事を「自分ごと」として捉え、辿りつくべきゴールや貢献する方法を模索することによって、ビジネスパーソンとして大きくステップアップすることができ、自分にとっても、会社にとってもプラスの効果をもたらすことができます。

また、それによって、激変した時代の変化にも対処できます。

与えられた仕事を与えられた通りにやっているだけでは、給与が上がらなくなる。リモートワークやジョブ型雇用によって、自らミッションを考え、成果を出すことが求められる。会社と社員が、雇用主と個人事業主のような関係になる――。

こうした時代の変化は、すべてセルフマネジメントがより重要になっていくことを示しています。自分の仕事は自分で見つける。今、私たちに求められているのは、こうした姿勢です。

では、どうしたら、このような視点を養えるのでしょうか?

たとえば、副業をやってみるのも、ひとつの方法でしょう。

副業は「自分の市場価値」を測る指標になる

副業には、2種類あるといわれています。ひとつは「アルバイト副業」。これは文字通り、お小遣い稼ぎを目的として別のアルバイトをすることです。

もうひとつは、「キャリア副業」。これは収入を得るためではなく、キャリアアップを目的として別の仕事をすることで「複業」とも呼ばれています。

副業というのは、暇な人がするもの。無理に副業をするなら、独立したほうがいい。副業で成功している人は極めて少数派――。

こうした見方をしている人も多く、実際、そういう面があるのも事実です。「アルバイト副業」をして疲弊するくらいなら、会社の仕事にもっと力を入れ、本業で稼げるようになったほうがいい。私もそう思います。

ただ、「キャリア副業」であるなら、やってみる価値はあります。

キャリア副業は、自分のキャリアを磨く、自分のキャリアを1社だけでなく複数の企業に提供する、スキルアップや経験を増やすなど、さまざまな目的でやっている人が多く、他社での経験を自社にフィードバックできる、自分の市場価値を測れる、独立・企業のきっかけにできるなど、たくさんのメリットがあります。

前述したように、私も前職で人事部長を務めていたときに「自身のキャリアを他の会社の人事にも活かしたい」と思ったのが独立・起業をするきっかけになりました。

私の場合は、会社に副業を認めてもらえなかったので、結果的に独立することになりましたが、もし認められていたら、独立はしなかったかもしれません。

会社を辞めることには、やはりリスクがあります。その点、副業は本業で安定した収入を得ながら、自分の別の可能性を試すことができます。

いきなり独立・起業するのは、一か八かの賭けになりますが、副業はそれをリスクの少ない状態で試すことができます。副業のほうが本業より稼げる。そうなったときに初めて、独立や起業を本格的に検討すればいいのです。

また、キャリアアップのための副業であっても、年収を増やすこともできます。たとえば、月収50万円で週5日働いている人が、会社に交渉して月収40万円に減らしてもらって、本業の勤務は週4日にしてもらったとしましょう。週1日は他社で副業をして、そこで毎月15万円を稼げたら、月収は55万円に増えます。月に5万円増えれば、年収としては60万円のアップになります。

現在、政府が副業を促進しているのは、大手企業で余っている人材を人手不足の業界や中小企業に回したいからとも言われています。

定年延長も促進していますから、副業で就業経験を増やし、老後にそういう仕事に就くことで人生100年時代に備えてほしいという狙いもあります。

副業を促進している企業には、他社のノウハウを自社に持ち帰ってきてほしい、あるいは副業をきっかけに転職してもらって人件費を減らしたい、という思惑があります。

それはそれとして「働く側」にとっても、副業には多くのメリットがあります。

会社員にとっては、自分の会社が世界のすべてだったりします。しかし他社で働くことによって視野が広がり、会社を客観的に見ることができるようになります。それによって「組織のことを、自分ごととして捉え、ゴールと貢献を探す」といったセルフマネジメントの視点を形成することができます。

キャリア副業をするためには、「自分は何ができるのか」「どんな成果を出せるのか」も明確にしなくてはいけません。

必然的に「自分は何屋さんなのか」を定義する必要があります。報酬についても交渉しなくてはいけませんから「個人事業主」としての感覚も養えます。

なにより副業を通じて「自分のキャリアは他社でも通用するのか」「どれくらいの値段がつくのか」と、自分の市場価値を実際に知ることができます。

副業は、どこに行っても通用する力を身につけることができる良い機会になります。ビジネスパーソンとして何倍もレベルアップができ、人生の選択肢も大きく広がります。会社が認めてくれるのであれば、試してみてもいいのではないでしょうか。

ビジネスパーソンとしての安定は自分にしかない

雇用契約にこだわる必要はない

どこに行っても通用する力さえあれば、雇用契約にこだわる必要なんてありません。会社で働きながら副業でキャリアアップしてもいいし、フリーランスでもいい。老後の長い人生を考えたら、独立・起業も視野に入れておいたほうがいいでしょう。

「正社員が希望です」

転職面接でそういう発言をしているのは、年収400万円くらいの「決められた仕事を決められた通りにする」という段階の人が多いです。

自分のミッションを持ち、自分で目標を設定し、自分の仕事は自分で見つけることができる人は「業務委託でいいですよ」と簡単に言い放っています。

たとえ正社員になったからといって、人生の「安定」が得られるわけではありません。

これまでお伝えしてきたように、今はたくさんの企業が人員削減に必死になっています。新型コロナウイルス関連の倒産は2020年だけでも800件を超えました。いつまた社会を揺るがすような大異変が起きるかもわかりません。

これからの時代は、会社や世の中に「安定」を求めることはできません。ビジネスパーソンとしての「安定」は、自分に求めるしかないのです。

安定とは「どこに行っても食べていける」ということです。どこの会社に行っても、営業で実績を出せる。どこの会社に行っても、マネジメントでチームの成果をあげられる。どこの会社に行っても、経理部長ができる。

そんな自信とスキルを持つことができれば、自分の中に「安定」が生まれ、会社や世の中の動向に左右されなくて済むようになります。

もちろん一回、何かを身につけたからといって、それが10年後、20年後に役に立つとは限りません。ブラッシュアップは常に必要です。職種によって獲得すべきスキルや知識も異なるでしょう。

ただ、その基礎となる部分については、本書でお伝えしてきた通りです。

「年収基準」を知って、自分に必要なスキルと行動を身につける。ジョブサイズの「28の指標」で、自身の仕事の大きさや市場価値を知り、それを高めていく。ミッションとジョブの違いを認識し、自分自身で目標を立て達成していく。「4つの選択肢」の違いを知り、「変革・創造」を続けていく。

自分は「何屋さん」なのかを定義し、個人事業主のような感覚を身につける。これらのことができれば、雇用制度にかかわらず「安定」した収入を得ていくことができます。

同志社大学政策学部・同大学院総合政策科学研究科の教授・太田肇《おおたはじめ》さんは、コロナ後の日本人の働き方について、次のような主旨の論考を発表されていました。

「雇用とフリーランスの境が曖昧になってきている。大企業のなかにも、他社の社員による副業を募集する企業があらわれ、外部の起業家やクリエイターの知識や技術を活用するオープンイノベーションを取り入れるところも増えている。

このように雇用か独立かを問わず、組織とかかわりながら半ば自営業のように働くスタイルを私は「自営型」と呼んでいる。

IT化でアウトソーシングやネットワーキングが容易になるにともない、今後このような「自営型」がますます増加すると予想される。

今、欧米の「ジョブ型」が注目されているが、日本人には「自営型」とでも呼ぶべき、自営業のような働き方のほうが向いているのではないか」

欧米では「仕事」に人がつきます。だから「役割」に値段をつける考え方のジョブ型の雇用制度が中心になっています。

一方、日本では「人」に仕事がつきます。「○○さんだから、これを頼もう」「この仕事ができるのは、○○さんだよね」と、「人」に対して仕事が依頼され、能力や人柄、実績などによって、その「人」自身に値段がつきます。

自営型とは、まさに「人」が自ら営む働き方です。

あなたの価値を世の中が認めてくれれば、あなた自身に値段がつきます。あなたの仕事が大きくなればなるほど、年収も上がっていきます。

私は、誰もが自営型の働き方ができるようになり「自分の給料は自分で決めること」が当たり前の時代になることを願ってこの本を書きました。

今の会社で上を目指すにしても、転職、起業・独立をするにしても、その人自身の価値を認められることが必要になってきます。

どんな道を選ぶとしても、やるべきことは変わりません。

あなた自身の価値を高めていくこと。

価値とは「変革・創造」ができることです。どんな仕事においても、これを続けていけば、あなたの価値は間違いなく上がります。

「よりよく変える」
「新しいことをする」
「お客様にもっと喜ばれることをする」

あなたは、何をよりよく変えますか？　どんな新しいものをつくりますか？　お客様にどうやって喜んでもらいますか？

さあ、今日から始めましょう。

おわりに

自分自身をシフトしなければ、あなたの仕事は確実になくなる!!

今、多くの企業のオフィスワークが「ＲＰＡ」に切り替わっています。ＲＰＡとは「Robotic Process Automation」の略で、これまで事務職の人たちがＰＣを使ってやっていた事務作業などを自動化できるソフトウェアロボットのことです。

大手企業や有名企業が次々に導入しているので、今後さらに普及が進んでいくでしょう。私の友人の企業でも「アシロボ」くんというＲＰＡを導入したそうです。

「ＡＩやロボットの導入が進むと人間の仕事が奪われる」

ずっとそういわれ続けてきました。今でもそういわれていますが、その友人の経営者に話を聞くと、それとは違う現象が起きているそうです。

アシロボくんは、指示されたことを指示された通りにできるロボットです。営業事務などの単純作業は、たしかにほぼすべてアシロボくんが担うようになりました。

ところが、それによって事務職の人たちが単純作業の呪縛から抜け出し、イキイキと働き始めたというのです。

それまであまり仕事をしなかった年配社員が仕事に目覚めてリーダーシップを発揮するようになり、「この作業はアシロボくん、こっちはあなたね」とＲＰＡとメンバーをマネジメントして、より効率のよい仕組みをつくったり、やる気がなくて困っていた意識の低い社員が新企画を提案して社長のお気に入りになったりと、まさに「運用」から「変革・創造」の方向にシフトチェンジしたそうです。

価値の高い仕事をした人は、社内でも大いに評価され、見直され、処遇もよくなり、ますますモチベーションが上がり、アシロボくん1台で社内がものすごく活性化したそうです。

「誰がやっても同じ結果が求められる仕事」や「いわれたことをいわれた通りにする仕事」は、今後ますます機械化が進んでいきます。

しかし、単純作業をしなくて済むようになったことで、人間は人間にしかできない、より高い価値の仕事に取り組めるようになります。その会社では、RPAを導入しても誰もリストラすることはなかったそうです。

機械と共存する世界になったことで「誰がやっても同じ結果が求められる仕事」や「いわれたことをいわれた通りにする仕事」をしているだけでは、確実に仕事はなくなるでしょう。

RPAは、月5万円くらいの使用料で、あとは電気代しかかからず、「給料を上げろ」ともいわず、24時間、365日働き続けます。これでは人間は勝てません。

しかし「機械にできないことは何だろう？」と考え、働き方のシフトを変えることができれば、仕事はいくらでもあります。

機械にできない仕事、それは「答えのない仕事」です。よりよく変える、新しいことをする、お客様にもっと喜ばれることをする、これは人間にしかできません。

年収を上げるには「答えのない仕事」に取り組むしかありません。誰がやっても同じ、答えのわかっている仕事には、高い値段はつかないのです。

あなただけが生み出せる価値をつくり、あなた自身の価値を高めていきましょう。

仕事や社会、自分自身を客観的に見て、楽しく仕事をして、豊かな人生を歩みましょう。

私がお伝えしたいのは、このひと言に尽きます。

頑張って働く多くの人たちにとって、この本が少しでもお役に立てたら幸いです。

最後に、本書を出版するにあたり、多くの方々にご協力をいただきました。

編集・構成のお手伝いをしてくださった谷田俊太郎さん、クライアントの経営者・人事担当者のみなさま、そしてフォー・ノーツ株式会社の曽根さん、後閑さん、万感の思いを込めて感謝の意を表したいと思います。

そして、本書を手にしてくださいました読者の方々に心より御礼申し上げます。

令和3年1月　西尾　太

巻末付録について

巻末付録として、第３章の「ジョブサイズ」のポイント一覧表と、職種・職位別の事例をつけました。

①「ジョブポイント一覧・ジョブサイズ算定表」は、ジョブサイズの指標ごとのポイントを示しています。右側に、ご自身のジョブポイントを記入する欄を設けています。
ご自身でつけたジョブポイントを合計して、下段にある「合計ポイント」と「想定年収」と比較して、ご自身の想定年収をイメージできます。

下段の「合計ポイント」は、「社長・上級役員クラス」「役員・本部長クラス」などのポイントを単純に縦に合計しているもので、ジョブサイズの目安として表示しています。

②「職種・職位別のシミュレーションサンプル事例」は、「営業主任」「営業事務」などの職種や、「営業課長」「コールセンター長」などの職位を想定して、ポイントをシミュレーションしたものです。ポイント設定の参考としてお付けしました。
このように、ご自身が担当されている職種や職位によって、指標ごとにポイントは異なるはずです。「営業事務」や「採用アシスタント」であっても、この事例よりも高いジョブポイントの仕事をしている指標があるかもしれません。
あくまで事例としてご確認いただき、「自身はどうなのだろう」ということで、第３章を参照いただき、ポイントを確認してください。

これらのポイントをつけていただくことによって、今後年収を高めていくために、「どの指標ポイントから上げていくことができるのか」「伸ばせるポイントはどれか」をぜひ確認し、今後のキャリアプランに活かせていただければと願います。

※想定年収は、あくまで「一般的にどうか」ということで示しているものです。
実際には、それぞれの企業の状況、組織の状況、個々の状況によって大きく違う場合もあります。あくまで「目安」としてご活用いただければ幸いです。

【著者紹介】

西尾 太（にしお ふとし）

人事コンサルタント。フォー・ノーツ株式会社代表取締役社長
「人事の学校」「人事プロデューサークラブ」主宰

1965年、東京都生まれ。早稲田大学政治経済学部卒。いすゞ自動車労務部門、リクルート人材総合サービス部門を経て、カルチュア・コンビニエンス・クラブ（CCC）にて人事部長、クリエイターエージェンシー業務を行なうクリーク・アンド・リバー社にて人事・総務部長を歴任。これまで1万人超の採用、昇進面接、管理職研修、階層別研修を行なう。パーソナリティとキャリア形成を可視化する適性検査「B-CAV test」を開発し、統計学に基づいた科学的なフィードバック体制を確立する。中でも「年収の多寡は影響力に比例する」という持論は好評を博している。著書に『人事担当者が知っておきたい、10の基礎知識。8つの心構え。』(労務行政)、『人事の超プロが明かす評価基準』（三笠書房）、『働き方が変わる、会社が変わる、人事ポリシー』（方丈社）、『プロの人事力』（労務行政）などがある。

この作品に対する皆様のご意見・ご感想をお待ちしております。

おハガキ・お手紙は以下の宛先にお送りください。

【宛先】

〒 150-6008 東京都渋谷区恵比寿 4-20-3 恵比寿ｶﾞｰﾃﾞﾝﾌﾟﾚｲｽﾀﾜｰ 8F
（株）アルファポリス　書籍感想係

メールフォームでのご意見・ご感想は右のＱＲコードから、
あるいは以下のワードで検索をかけてください。

アルファポリス　書籍の感想　検索

ご感想はこちらから

人事の超プロが本音で明かす
アフターコロナの年収基準

西尾 太 著

2021年 1月 30日初版発行

編　集ー原　康明
編集長ー太田鉄平
発行者ー梶本雄介
発行所ー株式会社アルファポリス
〒150-6008 東京都渋谷区恵比寿4-20-3 恵比寿ｶﾞｰﾃﾞﾝﾌﾟﾚｲｽﾀﾜｰ8F
TEL 03-6277-1601（営業）03-6277-1602（編集）
URL https://www.alphapolis.co.jp/
発売元ー株式会社星雲社（共同出版社・流通責任出版社）
〒112-0005 東京都文京区水道1-3-30
TEL 03-3868-3275
装丁・中面・図版デザインーansyyqdesign
編集協力・構成ー谷田俊太郎
印刷ー中央精版印刷株式会社

価格はカバーに表示されてあります。

落丁乱丁の場合はアルファポリスまでご連絡ください。

送料は小社負担でお取り替えします。

ISBN 978-4-434-28269-0 C0034